DR. GHEORGHE RAFAEL-ȘTEFĂNESCU

AMINTIRI DIN ROMÂNIA SOCIALISTĂ

DE LA ÎNFLORIRE LA FALIMENT

Ediția a IV-a

AmintiridinRomania.com

Autorul, elev la Școala Sanitară
Arad, 1960

Excelentă carte! După citirea primelor câteva capitole, realizez ca am descoperit o comoară istorică în această carte! Cu toate că descrie evenimente începând cu anii 1944, eu ca cititor născut în anii '80 descopăr că mă pot asocia cu multe din povestirile acestea! Oriunde ai fi pe pământ, vei iubi cartea aceasta care descrie într-un mod direct şi simplu viaţa părinţilor, bunicilor şi strămoşilor noştri. Mulţumesc scriitorului şi redacţiei care a pus aceasta comoară pe iTunes!!!
Please don't forget to post an English version of this amazing book! :)
Andrei M., itunes US

Carte necesară şi sinceră; trebuie să fie mărturie veşnică pentru cei care cred cu bunăvoinţă că socialismul sau comunismul ca şi structură socială poate fi o alternativă viabilă... Très utile! **Varolomei, itunes FR**

Am citit-o dintr-o suflare! Prima mea ebook citită pe Samsung Android Tablet! O recomand! De admirat perseverenţa acestui om!
V.W., Kindle

O carte interesantă, care îmi aminteşte de România ceauşistă. Am trăit şi eu anii '80 în Bucureşti şi cam aşa a fost.
Cristian B, NJ USA, itunes US

Cinci stele. O carte bună, uşor de înţeles, face legături [accesibile] cu trecutul. **Khalid Labadi, Scribd**

Es stimmt / Este adevărat. Cine a trăit timpurile acelea înţelege perfect cartea; se citeşte uşor; o recomand tuturor celor care au uitat de unde au plecat. Cinci stele! **Renate von Bohn, Amazon.de**

Tocmai ce am lecturat cartea dvs. şi ţin să vă spun că mi-a plăcut mult, deşi aţi fost destul de blând la adresa comunismului! Sunt medic rezident urolog şi am început să citesc mai multe cărţi care abordează subiectul dvs. tocmai din motivul de a înţelege viitorul ţării uitându-mă înapoi la trecut. Mi-a făcut plăcere lectura, mi-a mai clarificat nişte aspecte legate în special de dezastrul economic intrinsec în care ne-am aflat încă din 1990 şi în care suntem şi acum. Vă doresc multă sănătate şi tot ce vă doriţi! **Dr. Şerban G., e-mail aug. 2013**

Cinci stele; îmbină foarte bine realitatea cotidiană, biografia şi evenimentele istorice din acea perioadă. **Guser, Google Play**

Mulţumesc pentru această carte bine scrisă, evocatoare de evenimente şi trăiri autentice. Pentru mine, care fac parte din generaţia dvs., a fost o delectare să constat că felul meu de a gândi şi acţiona găseşte o confirmare şi în cartea dvs. Felicitări!

A. Millea, fost prof. univ., e-mail 4 feb. 2014

Emoţionant...
Don Franci, itunes IT

Excelentă rememorare a trecutului nefast! Am trăit, în mare măsură, evenimentele descrise în carte şi confirm autenticitatea memoriilor. Trebuie citită neapărat! Felicitări autorului! **EdEdi, itunes RO**

Cartea are fără îndoială valoare documentară şi e bine că autorul a aşternut-o pe hârtie. Good book, I recommend it to everyone!
L.M.H., Kindle

Chiar dacă m-am născut în 2001, [evenimentele şi personajele] îmi par foarte cunoscute. Autorul are dreptate că mentalitatea oamenilor a fost afectată, înţeleg acum de ce bunicii şi părinţii se tem când văd un poliţist pe stradă. Nepotismul şi corupţia printre fabricile ruginite şi mentalitatea închisă sunt unele dintre moştenirile pe care le avem şi se resimt în viaţa de zi cu zi.

Nu cred că "generaţiile noi" nu vor înţelege această carte, pentru că sunt sigur că pata comunistă se simte şi azi. Mă bucur că am reuşit sa înţeleg mai bine traiul oamenilor dinaintea mea şi mulţumesc autorului pentru că mi-a oferit atâtea argumente împotriva oamenilor convinşi că acea vreme era „Epoca de Aur". **AlPacino21, Scribd**

Cinci stele. Foarte interesantă cartea. Într-un fel mă bucur că nu am trăit în acea vreme.
TheG18, Google Play

Un livre qui parle de la vie sous le communisme en Roumanie. C'est la vie d'un médecin qui a réussi à obtenir son diplome malgré toutes les tracasseries qu'on lui a imposées à lui et à sa famille. Super!
Ifhatem, Amazon.fr

Am descărcat cartea de pe Kobo si am citit-o într-o suflare. Aş fi foarte interesat de o traducere în engleză pentru ca şi soţia să o poată citi...
C. Turtureanu, e-mail iunie 2011

Cinci stele! [...] o autobiografie captivantă. **Cuculescu, itunes GB**

CUPRINS

Războiul – Ocupația sovietică – Viața la țară – Școala – Evenimente politice – „Educația sexuală"

Gospodăria – Jefuiți – Seceta – Reforma monetară – Prigoana – Bancuri – Activități culturale și de propagandă – Suferințele mamei – Școala – A doua iubire – A doua reforma monetară – Arestarea mamei

Evenimente istorice și politice – „Jaful" – Reformele monetare – Naționalizarea – Confiscarea valutei și metalelor prețioase – Impozitarea particularilor – Cote obligatorii din recoltă – Prigoana – Cultura – Reforme sociale – Învățământul obligatoriu și gratuit – Lichidarea analfabetismului – Asistența medicală gratuită – Dreptul la muncă și pensie de vârstă – Urbanizarea

Cu domiciliu obligatoriu la Aiud – La recoltatul nuielelor – Muncitor la fabrică – Moartea lui Stalin – „Distracţii" la fabrică – „Mirajul" bicicletei – Elev la fără frecvenţă – Student la medicină – Arestarea fiului gazdei – Viaţa de student – La „inelat" – Un eveniment unic – Marea iubire – Exmatriculat – Fochist – Muncitor pe şantier – Elev la şcoala sanitară – Relaţii de prietenie – Activităţi culturale şi sportive – Prietena – Întâmplări hazlii – Repartizarea – Asistent medical la Aeroportul Kogălniceanu – În gazdă – Munca la aeroport – Examen de admitere la medicină – Din nou student – „La fermă" – „Cobai de experimente" – Întâmplări hazlii – Calorii ieftine – Asistent medical la Băla – Asistent igienist la Sanepid – Asociaţia „Ţâţa vacii" – O nouă dragoste – Viaţa de familie, internatul şi specializarea – Aspecte economico–sociale negative şi schimbarea orientării mele politice – Impunerea ideologiei comuniste – Promovarea după criterii politice – Producţie de marfă necerută pe piaţă – Investiţie grandioasă fără studiu preliminar aprofundat – Cerere nejustificată de fonduri, din cauza nerespectării termenelor planificate – Marfă de calitate îndoielnică, exportată în pierdere, pe preţuri de nimic – Economia monopolistă de stat, frână a progresului – Productivitatea scăzută a muncii – Munca „patriotică" – Corupţia, şpaga, hoţia – Omul cu trei feţe

Evenimente istorice şi politice – Dominaţia sovietică – „Liberalizarea" lui Gheorghiu-Dej – Sfidarea lui Hruşciov – Prima parte a guvernării lui Ceauşescu – Înflorirea economică forţată (falsă) – Criza generală a economiei socialiste – Factori agravanţi ai crizei din România.

„**AMINTIRI DIN ROMÂNIA SOCIALISTĂ**", prima carte non-ficţiune a medicului Rafael-Ştefănescu, a fost publicată la Arad în 2005, apoi pe AmintiriDinRomania.com (2007) şi Amazon.com (2010). A avut parte de reacţii entuziaste, fiind pentru o perioadă apreciabilă cel mai vândut e-book în limba română pe Amazon şi printre cele mai populare pe iTunes, apoi a apărut pe Google Books/Play şi alte platforme.

Povestirea autobiografică începe cu perioada războiului şi a ocupaţiei sovietice, trecând apoi prin etapele epocii socialiste de la jaful populaţiei şi aparenta înflorire la declinul şi prăbuşirea dictaturii. Pe fundalul evenimentelor istorice, autorul se confruntă cu situaţii din cele mai neaşteptate pe care le observă atent şi pe care le povesteşte în detaliu. De mic este persecutat ca „fiu de chiaburi" şi strămutat forţat cu domiciliul obligatoriu, dar nu-şi pierde optimismul şi luptă cu discriminarea şi lipsurile; din muncitor în agricultură, în fabrică şi pe şantier, ajunge student, sanitar şi medic, pe un drum plin de obstacole.

Cartea prezintă o secţiune autentică a realităţii socialiste, fiind şi o lectură captivantă, pigmentată cu umor. Autorul propune şi o analiză bine argumentată a economiei socialiste inevitabil falimentară, bazată pe o sinteză a documentaţiei istorice şi propriile observaţii.

Ediţia curentă (a IV-a) este reeditată şi adăugită cu documente secrete recent obţinute prin CNSAS din „Arhiva operativă" şi „Dosar individual de domiciliu obligatoriu", întocmite de Securitate, Miliţie şi MAI.

Cartea este recomandată mai ales generaţiilor tinere de după '89, dar şi celor ce au apucat să trăiască în „Epoca de Aur".

RECENZII

Am găsit cartea pe Amazon (în timp ce căutam cu totul altceva) şi am luat-o fiindcă mi-a plăcut atât ilustraţia de pe copertă cât şi prezentarea, iar scurta descriere m-a convins s-o citesc.

Povestea începe la finalul celui de-al doilea război mondial şi cuprinde o serie de amănunte istorice introductive, însă este o veritabilă poveste de viaţă. Familia doctorului Gheorghe Rafael Ştefănescu era una privilegiată în perioadă interbelică, o familie de intelectuali burghezi care ajung să fie persecutaţi, deposedaţi de orice tip de proprietate şi supuşi oprobiului public de către noul regim.

Majoritatea experienţelor relatate în carte, în interacţiunea dintre autor şi regimul comunist par mai degrabă de domeniul ridicolului şi coroborate cu menţiunile suplimentare pe subiect par mai degrabă demne de un roman distopic decât de o realitate cruntă. Totuşi ele descriu cu lux de amănunte o serie de lucruri pe care noul regim nu s-a grăbit să le introducă în cărţile de istorie.

În definitiv „*Amintiri din România socialistă*" reprezintă o lectură la fel de uşoară precum „*Amintiri din copilărie*" ale lui Ion Creangă, doar că spre deosebire de Creangă, doctorul Ştefănescu relatează o adevărată dramă şi nu o comedie a copilăriei şi tinereţii sale.

Este o carte pe care consider că trebuie s-o citească fiecare generaţie nouă înainte ca noi, cei născuţi în comunism şi imediat după, să putem avea de la ea pretenţia de a nu repeta greşelile trecutului. Noi am moştenit un stigmat de care ei trebuie să se lepede cu orice preţ.

Mălin, PodulMinciunilor.ro, 14 aprilie 2017

[...] Traseul existenţei medicului arădean a fost plin de obstacole, căci tânărul provine dintr-o familie de intelectuali înstăriţi şi s-a întâmplat ca venirea lui pe lume să coincidă cu venirea comunismului în România. A avut deci parte de tot tratamentul care i se aplică unui „duşman al poporului". [...]

Ce s-a întâmplat însă cu sutele de mii de prigoniţi care nu au avut forţa sufletească impresionantă şi tăria de caracter al acestui om?

Vasile Sărăndan, „O autobiografie neromanţată"
Ziarul „Adevărul", Arad, 2005 (articol complet pag. 126)

Cartea d-lui Rafael-Ştefănescu se citeşte lejer datorită capacităţii ei de a captiva prin sinceritate, a clarităţii expunerii şi a documentării care completează fluxul amintirilor proprii, apropiind-o de ceea ce numim istorie. Pigmentarea cu bancurile vremii aduce un plus de atracţie şi plasticitate.

Pentru mine lectura a avut şi „sonor". Când am citit despre întâmplările din vremea războiului, am reauzit explozii de bombe şi zuruitul avioanelor, bubuitul antiaerienelor, pe care nu le-am uitat. Când a fost vorba de deportări mi-am amintit de cunoştinţele şi rudele duse în Rusia la muncă forţată, unde unii şi-au lăsat oasele.

"Muncile agricole" mi-au amintit prima deplasare la cules de porumb de la Baciu-Cluj, când tehnicianul mi-a şoptit: "Dacă nu-l culegeţi d-voastră, aici va putrezi" şi al multelor ieşiri la câmp de mai târziu cu elevii. Apoi, am revăzut lungul şir de lipsuri, nesfârşitele cozi, am retrăit teamă de a vorbi, chiar de a concepe scrisori, etc.

Aşadar, eu am citit cartea pe nerăsuflate. Mă întreb însă cum reacţionează cei mai tineri. Pot ei înţelege grozăvia regimului comunist, ce se lăuda că este în serviciul ţării şi poporului?
Hugo Hauptmann, Revista Presei Arădene, 12 ianuarie 2006

This book is set apart for several reasons: its author, a native of Transylvania, witnessed the harshest period of class-warfare and discrimination, during the early years of Communist grip on Romania. The style is without any frills, in a direct, journalistic manner, without any ambition or pretense of literary value. It is a rather matter-of-fact, bare-bones diary of what life was like under the sordid years of Romanian communism.

In spite of such backdrop, this is not, by any means, a sad account, on the contrary it has its black humour, although the period described is redolent of the darkest years of dictatorship. The author presents a bland, stenographic sequence of the drab, and dour life behind the Iron Curtain, during the post-war experiment with Marxist ideology.

Such account represents a worthwhile reminder of times experienced not such a long time ago, especially that the current Romanian-controlled amnesia tries to airbrush the recent past from the public psyche. Worth reading as a testimony, especially as an antidote to the pre-programmed loss of memory in present-day Romania!
Constantin Roman, Amazon.co.uk

[The book] helped me understand what happened before Ceausescu came to power and made me relive all the years of hardship that we had endured under his "brilliant leadership". Wish it was written in English so my American husband and children could read it and understand a little bit.
Irinel Finco, Goodreads

Amintirile din România socialistă ale doctorului Rafael Ştefănescu: „_Din cauza aspectelor negative ale sistemului am devenit un anti-comunist convins_".
Dănuţ Zuzeac, Adevarul.ro, 14 iun. 2017

Motto: Pentru a privi spre viitor,

trebuie să cunoaștem trecutul.

PREFAȚĂ

Au trecut decenii de gestație până când m-am hotărât să-mi aștern pe hârtie amintirile și gândurile. Ceea ce m-a preocupat în mod special în ultimele decenii a fost înțelegerea mecanismelor care au dus la catastrofa României socialiste.

Deși am fost prigonit în mod repetat de regimul comunist (împreună cu familia), am fost totuși adeptul acestuia de-a lungul multor ani, fiind indus în eroare de „dezvoltarea economiei", reformele sociale, influența propagandei ideologice, lipsa accesului la surse de informație străine, lipsa perspectivei istorice și naivitatea tinereții.

Nedreptățile și greutățile personale prin care am trecut mi se par însă neînsemnate acum, față de anvergura catastrofei naționale.

În următoarele capitole vom intra în amănuntele vieții în socialism. Am inclus în scriere si aspecte autobiografice, dar aceasta nu este nicidecum o autobiografie completă. Am stăruit în special asupra aspectelor istorice, economice, sociale și a relațiilor dintre oameni, oglindite prin ochii unei persoane cu „origine nesănătoasă", destul de naivă, care a avut „norocul" să trăiască 35 de ani în regimul comunist, în medii sociale variate (de la elev premiant la adolescent persecutat cu domiciliul obligatoriu, muncitor în fabrică, pe șantier și în agricultură de la 14 ani, student la medicină și la școala sanitară, apoi medic în diverse spitale, clinici, pe Salvare ș.a.m.d.).

Fiecare capitol se încheie cu un sumar al datelor istorice din acea perioadă, la care am adăugat și opinia mea actuală.

ETAPELE SOCIALISMULUI ÎN ROMÂNIA

„Criza generală a economiei țărilor comuniste" a durat o lungă perioadă istorică, manifestându-se în final prin pierderea competiției cu economiile capitaliste și prăbușirea acestor regimuri. În această scriere voi prezenta evoluția fenomenelor socio-economice în cadrul regimului comunist din România, în mersul lor spre faliment. De-a lungul anilor am ajuns la concluzia că aceste fenomene au evoluat în patru etape:

I. Jaful (1947 – începutul anilor '50)

Etapa a avut trei caracteristici:
- **Trecerea întregii bogății a țării în mâna statului**: naționalizarea, reformele monetare, deposedarea de valută și metale prețioase a populației, cooperativizarea meseriașilor, colectivizarea țăranilor.
- **Prigoana**: împotriva membrilor partidelor de opoziție, a „exploatatorilor", a foștilor intelectuali, a țăranilor care se opuneau colectivizării, a celor bănuiți că posedă aur sau valută și a oricărei persoane suspectate că se opune regimului.
- **Importante reforme sociale**: învățământul și asistența medicală gratuite, asigurarea dreptului la muncă și a pensiei de vârstă, lichidarea analfabetismului.

II. Înflorirea (începutul anilor '50 – mijlocul anilor '70)

De-a lungul a peste două decenii a avut loc o creștere impresionantă a producției industriale. Aprovizionarea populației s-a îmbunătățit, ceea ce a determinat o anumită creștere a nivelului de trai. Din păcate a fost o înflorire falsă, forțată, deoarece resursele financiare investite nu au provenit din rentabilitate economică ci, în ordine istorică, predominant din:
- jefuirea bogățiilor țării de către stat,
- credite externe și, mai târziu,
- forțarea exportului peste limitele raționale, ceea ce va produce mari suferințe poporului.

La acestea se adaugă sustragerea de capital intern prin menținerea nivelului de trai scăzut, puterea de cumpărare a populației fiind printre cele mai mici dintre toate țările comuniste europene.

În noile întreprinderi s-a semănat de la început „sămânța pieirii" prin mecanisme monopoliste ineficiente, incompetență, hoție etc, acestea ducând inexorabil la criza întregului sistem. Promovările în întregul sistem economic, politic etc, se făceau după criterii politice, nepotism sau trafic de influență, fără să se țină cont de competența profesională.

Durata lungă a perioadei de „înflorire" se explică prin faptul că procesele economice s-au desfășurat pe parcursul multor ani, pierderile economice putând fi acoperite timp de decenii în condițiile netransparente ale economiei de stat.

Istoric și politic, etapa „înfloririi" se poate împărți în trei:
* dominația sovietică
* „liberalizarea" lui Gheorghiu-Dej
* prima parte a guvernării lui Ceaușescu

Reglementarea de către stat a tuturor aspectelor vieții cetățeanului a fost unul din dezideratele regimului comunist, pe toată perioada existenței sale. Niciodată nu au fost respectate drepturile omului și dreptul la asociere, istoria a fost falsificată, a fost impus realismul socialist în literatură și artă; mijloacele de informare în masă erau cenzurate și publicau de multe ori știri false, toți cei care se opuneau sau erau suspectați că se opun regimului erau persecutați.

Lipsurile în aprovizionarea populației și în prestarea serviciilor au dus la apariția economiei „subterane", înflorirea corupției, mitei și hoției.

III. Decăderea (mijlocul anilor '70 – începutul anilor '80)

Mecanismele economice asemănătoare care au existat în toate țările comuniste au dus în final la pierderea competiției economice cu țările capitaliste și la prăbușirea acestor regimuri (criza generală a comunismului).

În România, guvernarea lui Ceaușescu a constituit un factor agravant de prim rang prin politica de centralizare excesivă a economiei, incompetență, grandomanie, rigiditate în gândire, îngustime în convingeri și neînțelegerea realităților economice.

Această perioadă a fost dominată de cultul personalității ceaușiste, care va lua apoi proporții tragi-comice. „Conducătorul Suprem", învestit cu puteri absolute, înconjurat de „Dinastia Ceaușescu" și de oameni incompetenți sau care nu aveau curajul să i se opună, a luat o serie de hotărâri dezastruoase pentru economie.

Spre mijlocul anilor '70, aceasta a început să capoteze. Materiile prime autohtone nu erau suficiente pentru aprovizionarea uriașelor complexe industriale, fiind necesar importul lor la prețuri ridicate. În schimb, mărfurile românești se exportau la prețuri foarte scăzute.

Atât muncitorii, cât și țăranii erau lipsiți de motivație. Dezvoltarea industrială se baza pe noi angajări și nu pe creșterea productivității muncii. Timp de decenii forța de muncă industrială a fost recrutată din sectorul rural, ceea ce a dus la scăderea mâinii de lucru de la sate, unde au rămas în special femeile și bătrânii. În această perioadă s-a ajuns pentru prima dată la frânarea „dezvoltării industriale" din cauza lipsei forței de muncă.

Țara avea datorii externe la care cu greu puteau fi plătite dobânzile. Conducerea centralizată și incompetentă și aparatul birocratic greoi nu erau capabile să administreze o economie complexă și diversificată. Au apărut probleme tot mai frecvente cu aprovizionarea populației iar serviciile, care nu au fost niciodată prioritare sau de calitate în perioada comunistă, s-au deteriorat progresiv.

Au existat și o serie de factori nefavorabili internaționali și naturali precum creșterea prețului materiilor prime, sistarea livrării petrolului din Iran din cauza războiului, cutremurul din 1977, anii de secetă, condiții la care statele cu economie de piață mai dezvoltată au reușit să se adapteze mai ușor.

IV. Falimentul

A apărut atunci când statul n-a mai fost capabil să-și achite nici măcar dobânzile datoriilor externe și s-a luat hotărârea dezastruoasă de reducere drastică a importului și de forțare a exportului. Acestea au condus la accentuarea degradării utilajului industrial, care oricum era în mare parte învechit și prost întreținut.

Nivelul de trai s-a prăbușit la nivelul țărilor lumii a treia, nemaiputându-se asigura nici măcar necesitățile de bază ale populației: căldura, curentul electric, combustibilul, alimentele și alte produse de larg consum, ceea ce a produs mari suferințe populației.

Prăbuşirea regimurilor comuniste (pe plan extern) şi nemulţumirea crescândă a populaţiei (în plan intern) au fost factorii principali care au dus la răsturnarea regimului, în decembrie 1989.

Din păcate, dezastrul economic al României comuniste a fost total, acesta afectând nu numai toate sectoarele economiei, dar şi mentalitatea oamenilor. Va fi necesară o apreciabilă perioadă istorică pentru a recupera decalajul considerabil faţă de ţările avansate.

1. PRIMELE AMINTIRI (1942 – 1947)

RĂZBOIUL

În timpul celui de-al doilea război mondial locuiam la Deva. Tatăl meu, avocat, a decedat în urma unui atac de cord în 1942, în luna în care am împlinit 4 ani.

Printre amintirile legate de război regăsesc pâinea neagră, necrescută, acră, ce uneori conţinea resturi necomestibile (pietricele, paie). Îmi amintesc cum, împreună cu prietenii, obişnuiam să merg la gară să vedem descărcarea răniţilor din trenuri. Eram profund impresionaţi la vederea acestor soldaţi tineri aduşi de pe frontul de la răsărit, mutilaţi, palizi şi gemând de durere, coborâţi din tren cu ajutorul tărgilor şi transportaţi cu camioanele la spitalul orăşenesc.

În timpul alarmelor aeriene ne adăposteam în grădină, sub un nuc umbros. Deşi aveam un tranşeu săpat conform dispoziţiilor, nu ne puteam folosi de el din cauza apei ce se aduna pe fundul lui. În 1944, de Paşte, a sunat alarma iar pe cer au apărut zeci de avioane americane care zburau la mare înălţime. Au început să se audă bubuituri şi, când am ridicat capul, am văzut nori de fum negru care se ridicau dinspre Simeria. Gara Simeria, nod de cale ferată, a fost distrusă de un „covor" de bombe. După încetarea alarmei am găsit zeci de fâşiuţe de staniol aruncate din avioane, a căror funcţie am aflat-o mulţi ani mai târziu: derutarea radarului.

OCUPAŢIA SOVIETICĂ

În septembrie 1944 trupele sovietice au început să treacă prin Deva spre frontul de apus. La intersecţii erau postate femei soldat care dirijau circulaţia cu ajutorul steguleţelor. Treceau convoaie lungi de camioane de fabricaţie americană, tancuri, rachete de tip „catiuşa", dar şi căruţe trase de cai, soldaţi călare. Am văzut şi o cămilă cu două cocoaşe, a cărei vedere m-a impresionat; vedeam un astfel de animal pentru prima oară.

Trecerea trupelor sovietice a fost în general paşnică şi populaţia a dat dovadă de o atitudine binevoitoare; apoi am auzit de rechiziţionări de maşini, cai, alimente. Soldatul sovietic era un înfocat „colecţionar" de ceasuri de mână. Printre „victime" au fost şi sora mea şi soţul ei, aceştia fiind opriţi pe stradă de doi soldaţi care, prin semne, le-au cerut să-şi scoată ceasurile şi să li le înmâneze. Se vorbea şi de fapte mai grave, violuri, jafuri de magazine, beţii. Într-un depozit de băuturi câţiva soldaţi au tras cu armele în butoaie, găurindu-le, după care s-au îmbătat şi au murit înecaţi în vinul scurs pe podele.

În afara faptului că nişte femei din armata rusă au sustras o pereche de pantofi de-ai mamei, contactul meu direct cu soldaţii încartiruiţi temporar la noi nu a fost neplăcut. Copil fiind, m-au servit cu mâncare luată din cămara vecinei şi cu carne din oaia pe care o tăiaseră la noi în curte. În plus, i-au dăruit mamei o bucăţică de impermeabil, din care ea mi-a croit un şorţuleţ.

În timpul războiului, noaptea se păstra camuflajul; străzile nu erau iluminate iar geamurile erau acoperite cu hârtie colorată ca să nu se strecoare nici o rază de lumină. În nopţile înnorate era întuneric beznă. În toamna anului 1944, în timp ce eram în vizită la cuscri (părinţii soţului surorii mele), a început alarma aeriană. Când am ieşit în curte, se auzeau avioanele care lansau baloane ce luminau toată zona. De la sol se trăgea cu mitraliere cu cartuşe trasoare. Cuscra a intrat în panică şi am fugit într-o grădină în care erau tranşee şi soldaţi sovietici. Se auzeau bubuituri iar în zare se vedeau străfulgerări.

Exploziile au continuat multă vreme după plecarea avioanelor. Aceasta fusese aviaţia germană care a bombardat Simeria, iar mai târziu am aflat că bubuiturile care au continuat după raid proveneau de la un tren încărcat cu muniţie, care fusese lovit.

VIAŢA LA ŢARĂ

În toamna aceluiaşi an ne-am mutat la Geoagiu, unde părinţii aveau pământuri, livezi şi case moştenite de la bunici. Condiţiile de trai erau primitive: nu exista curent electric (se ilumina cu lampa cu petrol); apa se scotea din fântână; closetul era afară; făceam foc cu lemne, baie în troacă (copaie); nu aveam telefon, radio sau orice alt aparat electric – aşa cum sunt astăzi în fiecare casă.

Mama, văduvă, nu mai era tânără (m-a născut la 41 de ani), suferea de artrită reumatoidă şi, deşi cânta frumos la pian, scria poezii, picta şi vorbea limbi străine, nu avea nici o experienţă în conducerea gospodăriei. Pentru a o ajuta în acest domeniu, a invitat o pereche de rude îndepărtate, vârstnici şi fără copii, să locuiască la noi. Pământul a fost dat în arendă. Proprietarul participa cu pământul şi sămânţa, iar cel care-l lucra îşi oprea jumătate din recoltă. Deşi se lucra cu mijloace primitive, fără maşini agricole, cu plugul tras de boi, se semăna manual etc, ţăranul sârguincios se descurca destul de bine datorită terenului fertil din câmpia Ardealului.

Marea majoritate a celor necesare traiului se obţinea din resursele locale. Toate alimentele erau produse în gospodărie. Chiar şi cei mai săraci creşteau păsări, porci, capre sau oi, care acopereau necesarul de carne, ouă, lapte şi derivate. Grâul era măcinat la moara de apă, pâinea se cocea în cuptorul din curte, după ce era încins bine cu tulei de porumb sau crengi uscate. Concomitent, din coca de pâine se pregăteau şi „vărzările". Uleiul era extras din seminţe de floarea soarelui sau dovleac. Se mai prepara magiun din prune şi alte fructe uscate. Ţuica era produsă prin distilare, mai ales din prune. Oţetul se făcea din mere pădureţe.

Cânepa deasă ca „peria", ce creştea peste un stat de om, era recoltată, legată în snopi şi scufundată „la topit" într-un iaz. Femeile, cu fustele prinse-n brâu, fixau snopii de ţăruşi şi îi scufundau sub apă cu ajutorul unor pietre. La şcoală am învăţat că „topitul cânepii" este un proces microbian care produce desprinderea fibrelor de tulpina lemnoasă. După ce cânepa era scoasă de la „topit", se usca şi se meliţa. Meliţa era alcătuită dintr-o scândurică cu un mâner la un capăt, iar celălalt capăt se rotea pe un ax. Această parte mobilă glisa între alte două scândurele fixate pe un stativ de înălţime convenabilă. Prin meliţat se zdrobea partea lemnoasă a tulpinii iar fibrele rămâneau intacte. Partea lemnoasă era îndepărtată apoi prin scuturare şi lovire, iar fibrele erau prelucrate cu un „pieptene" format din cuie lungi, forjate, fixate de o scândurică. Fibrele de calitate (fuiorul) erau toarse, apoi ţesute la războiul de ţesut, care se găsea în majoritatea caselor. Din cânepa sădită mai rar („hăldani"), de obicei de-a lungul lanurilor de porumb, se obţineau fibre mai grosolane, folosite la confecţionarea frânghiilor.

Ţesăturile din in erau folosite mai puţin, deşi erau mai fine. Lâna era o materie de bază pentru confecţionarea locală a hainelor. Se mai creşteau viermi de mătase, care furnizau borangicul pentru ţesături şi fine lucrături de mână.

Vara majoritatea oamenilor umblau desculţi, iarna purtau bocanci, mai rar cizme, iar cei mai în vârstă şi mai săraci se încălţau în opinci cu nojiţe din piele. Practic, puţină marfă se cumpăra de la „boltă" (prăvălie): sare, zahăr, drojdie, petrol, lumânări, chibrituri, tutun, sticlă de lampă, cuie etc. Materialele de construcţie proveneau tot din resursele locale. Cărămizile erau fabricate de ţigani. Varul nestins era produs prin „arderea" pietrei de var de către moţii din Ardeu.

Nisipul şi pietrişul erau aduse de pe malurile Mureşului. Lemnul, adus din pădure, era fasonat în grinzi cu ajutorul „bardei". Scândurile erau tăiate la un joagăr acţionat prin putere hidraulică. Multe case bătrâneşti erau acoperite cu paie sau şindrilă. Meseriaşii fierari, rotari, dogari, cojocari, pantofari (cizmari) etc. completau necesităţile săteanului.

Pentru mine, cei aproape opt ani trăiţi la ţară au fost o revelaţie şi unii dintre cei mai frumoşi din viaţă. Am fost fermecat de natură, de veşnica ei schimbare şi descopeream în permanenţă lucruri noi. În timpul vacanţelor de vară hoinăream desculţ, cu prietenii, ne urcam în duzi, cireşi şi alţi pomi fructiferi; uneori furam fructe văratice de la gospodari; mâncam fel de fel de verziciuni (caise verzi, fasole, mazăre, măcriş, fructe sălbatice); căutam ciuperci în pădure, ouă în cuiburile de păsări; pescuiam; băteam mingea făcută din păr de vacă; puneam trecătorilor „cozi" confecţionate din ciulini în care înfigeam câte o pană; „puşcam" cu carbid sau amestec de clorat de potasiu şi sulf; mă băteam cu berbecul vecinului şi câte alte jocuri şi năzbâtii n-am făcut!

Săraca mama se plângea că plecam dimineaţa şi mă întorceam murdar, cu

Meliță

hainele rupte şi picioarele zgâriate, cu ţepi în talpă şi refuzam să mănânc la mese. Uneori mă mai şi bătea, dar fără prea mare efect.

Când am mai crescut, în timpul verii cutreieram dealurile şi pădurile pentru a aduna plante pentru ierbar, insecte pentru insectar sau ne îmbăiam în iazul morii de apă, care trecea prin curtea noastră. Ca să creştem nivelul apei în canalul morii am improvizat un baraj din bolovani până când, odată, apa a început să inunde moara şi morarul s-a repezit după noi cu o furcă.

Existau apoi o mulţime de jocuri la şcoală pentru pauzele dintre ore: o variantă de oină cu o mică minge îmbrăcată în piele; alte jocuri ce se puteau juca în doi sau în patru cu o minge din păr de vacă lovită cu mâna sau cu un băţ.

La Piu", un beţişor era proiectat la o distanţă cât mai mare prin lovirea cu o paletă de lemn. La „Ţările" fiecare îşi alegea numele unei ţări, apoi ne adunam în jurul mingii, iar când conducătorul jocului striga o ţară, jucătorul respectiv trebuia să prindă mingea şi să ţintească unul din ceilalţi participanţi. Câştiga jucătorul cu cele mai multe lovituri reuşite.

Fotbalul se juca cu o minge mică de cauciuc (de 10-15 cm). În clasele mai mari existau şi una – două mingi de fotbal adevărate, proprietarii lor fiind la mare cinste. Mai târziu, din iniţiativa şcolii, a fost introdus şi jocul de volei. Fabricarea avioanelor de hârtie din foi rupte din caiete era o altă preocupare iubită.

Ingeniozitatea copiilor de la ţară se manifesta şi prin construirea jucăriilor din materiale naturale. Astfel, ne confecţionam un fel de puşcă cu aer comprimat, cu ţeava făcută dintr-o ramură de soc şi „gloanţe" din câlţi umezite cu salivă. De cealaltă parte a ţevii introduceam un băţ numit bătător, înfăşurat cu câlţi la capăt pentru etanşeizare, pe care îl împingeam în ţeavă ca pe un piston, crescând presiunea până ce „glonţul" sărea la câţiva metri şi pocnea. O altă variantă, tot cu ţeavă de soc şi un „bătător" cu câlţi la capăt era puşca de apă cu care puteam împroşca la câţiva metri, asemenea unei seringi uriaşe.

Mai făceam „hurgoi", un fel de goarnă sau tulnic scurt, cu pâlnia confecţionată din coajă de salcie care amplifica sunetul unui „zdrâmboi" produs, la rândul său, dintr-un tub subţire din coaja unei rămurele de salcie.

Dintr-o nucă cu găuri prin care treceam o sfoară, confecţionam un fel morişcă (sfârlează). În timp ce scobeam o nucă cu briceagul, am avut ghinionul ca o mică aşchie să zboare şi să mi se înfigă în ochi ceea ce mi-a provocat mari dureri. Medicul m-a trimis la secţia de oftalmologie din Deva, unde aşchia a fost extrasă, din fericire fără sechele.

Uneori confecţionam un „felinar-sperietoare" dintr-un dovleac golit, în care tăiam orificii în formă de ochi, nas şi gură, iar în interior aprindeam o lumânare. La lucru manual băieţii făceau coşuleţe împletite din „hoaşpe" (pănuşi de porumb), pălării de paie sau rogojini din papură. Unii încrustau frumoase înflorituri pe o scândurică folosită la confecţionarea cuierelor de perete.

ŞCOALA

În clasa întâi scriam zgâriind cu „stilul" pe tăbliţa şcolară din ardezie. Pe o faţă erau linii orizontale iar pe cealaltă, pătrăţele. Scrisul se putea şterge cu uşurinţă, cu buretele. Desigur primeam ca teme pentru acasă doar cât încăpea pe cele două feţe ale tăbliţei.

În şcoala primară am avut o învăţătoare severă, dar dreaptă. Bătaia era permisă, iar aceasta avea un băţ în colţul clasei, lângă catedră. Pentru fiecare abatere, în funcţie de gravitate, hotăra cât de tari si câte anume vor fi loviturile la palmă. În schimb, dacă răspundeam bine, ne lăuda.

Disciplina era păstrată cu severitate şi, mai de frica băţului, mai din dorinţa de a fi lăudaţi, am învăţat toţi să citim, să scriem şi să socotim. La început, deoarece aveam o memorie foarte bună, învăţam textul pe de rost şi, când mă punea învăţătoarea să-l citesc, îl turuiam repede. Asta până când a descoperit că, de fapt, nu ştiam să leg literele!

Fiecare zi de şcoală începea cu rugăciunea „Tatăl nostru", cu faţa la icoană; de Paşte se cânta „Hristos a înviat"; iar de sărbătorile naţionale se cânta imnul „Trăiască Regele". Preotul preda orele de religie. Mai târziu, odată cu venirea la putere a comuniştilor, toate acestea au dispărut, iar icoana a fost înlocuită cu tablourile celor „patru mari dascăli ai omenirii": Marx, Engels, Lenin şi Stalin.

EVENIMENTE POLITICE

Îmi aduc aminte de venirea la putere în 6 martie 1945 a guvernului Dr. Petru Groza din Deva. Sora mea mi-a povestit că acesta era un avocat înstărit care, când mai trăia tata, venea uneori la noi în vizită la sfârşit de săptămână, împreună cu un avocat german din Orăştie, protopopul şi alţi intelectuali. De obicei se încingea un joc de cărţi până-n zori, însoţit de mâncare din belşug udată cu băutură.

La şcoală am auzit de reforma agrară, care în comuna noastră nu s-a aplicat, nefiind mari proprietari. Un alt eveniment important a fost prima campanie de alegeri pe care am văzut-o, în noiembrie 1946. La alegeri au participat, de o parte, Frontul Naţional Democrat (FND) condus de Petru Groza şi, de cealaltă parte, partidele istorice: Partidul Naţional Ţărănesc şi Partidul Naţional Liberal. În discuţiile particulare, oamenii dezbăteau pe larg tema alegerilor, fiecare argumentând pentru partidul pe care intenţiona să-l voteze.

Ceea ce m-a frapat atunci a fost lipsa aproape totală a publicităţii în favoarea partidelor istorice. Cu excepţia unor inscripţii „Trăiască Maniu şi Regele" apărute pe ziduri în cursul nopţii, reclama în favoarea acestor partide au fost inexistente.

Dimpotrivă, FND dispunea de un bogat material de propagandă, cu zeci de afişe, panouri şi caricaturi. Noi, copiii, le dezlipeam cu plăcere de pe garduri şi pereţi, fără vreo intenţie politică, doar pentru a le colecta. Deoarece la sate exista un număr considerabil de analfabeţi, fiecare partid era reprezentat pe foaia de vot printr-un simbol, care trebuia ştampilat de către votant. Simbolul FND-ului era soarele şi peste tot apărea îndemnul: „Votaţi soarele!"

În preajma alegerilor a fost detaşată în comuna noastră o mică unitate militară, devotată regimului. Mă aflam în bune relaţii cu câţiva soldaţi încartiruiţi la noi. La alegeri FND-ul a obţinut o victorie zdrobitoare, iar eu cred că numărul voturilor (cel puţin în comuna noastră) a fost real. A doua zi după alegeri învăţătoarea ne-a întrebat cu cine au votat părinţii. Cu toţii au raportat că au votat în favoarea FND, cu excepţia unui singur coleg al cărui tată luptase pe frontul rusesc şi care a declarat că nu e bine, fiindcă se va face colhoz.

„EDUCAŢIA SEXUALĂ"

Mama, ca toate domnişoarele crescute la pension, nu a primit nici un fel de educaţie sexuală. După cum am aflat mai târziu, părerea ei era că vom primi informaţiile necesare de la alţii şi că ne vom descurca în viaţă, aşa cum s-a descurcat şi generaţia dânsei.

Lămurirea acestui capitol a avut loc mult mai timpuriu decât spera ea. Când aveam vreo opt ani, mama a angajat-o ca servitoare pe Măria, o ţărăncuţă divorţată. Spre uimirea mea, în timp ce ne plimbam amândoi în grădină, şi-a ridicat fusta în faţa mea expunându-şi toată partea inferioară a corpului (fiind vară, umbla desculţă şi nu purta chiloţi). Apoi a început să-mi explice pe îndelete tot ceea ce ştia despre organele genitale şi contactul sexual.

O ascultam impresionat. Folosea termenii populari, consideraţi vulgari, dar vorbea direct, cu simplitate şi fără ruşine. Deşi la şcoală auzisem câte ceva despre contactul sexual, am aflat multe amănunte pe care nu le ştiam. În faţa mea se deschidea o lume necunoscută, plină de farmec. Pentru prima data în viaţă puteam să vorbesc cu cineva fără să-i ascund nimic, putând folosi şi termenii cei mai vulgari sau să mă dezbrac în faţa ei fără să mă ruşinez.

Mă ataşasem de ea destul de mult, căutând prilej să stăm cât mai mult singuri. Am impresia că îi făcea plăcere să mă iniţieze, avea un partener de discuţie şi poate simţea pentru mine un fel de dragoste maternă. Mi-a povestit fel de fel de poveşti populare legate de sex. Foarte curând mi-a declanşat erecţii, dorinţa şi impulsul sexual.

Într-o seară, surprinzând-o în pat, m-am urcat peste ea. La insistenţele mele, mi-a permis chiar şi o intromisiune. Am avut o mare satisfacţie, deşi n-am simţit nici o plăcere fizică, nefiind încă puber. Simţeam pentru ea atracţie fizică, prietenie, dar nu o iubeam. Această iniţiere sexuală timpurie, înaintea primei iubiri, mă va costa mult în viitor, neconcepând ca sentimentele înalte şi pure ale iubirii să fie „întinate" de la început de contactul fizic.

Prima iubire, nemărturisită, a venit foarte curând. Era vorba de o fată cu câţiva ani mai mare decât mine, refugiată în timpul foametei din Moldova şi găzduită de vecini. Era mai înaltă decât mine, brunetă, ochioasă, cu cozi. Ne întâlneam în curte când venea să ia apă din puţul nostru. Avea nişte ochi căprui calzi, în care îmi afundam privirea ori de câte ori o întâlneam. A început să-mi placă din ce în ce mai mult.

Era un sentiment înalt şi pur: iubeam totul la ea: ochii, zâmbetul, mişcările, toată făptura. Dacă cu Măria puteam vorbi deschis, cu ea eram timid şi nu ştiam cum să-i mărturisesc marea mea dragoste. Deşi mă hotărâsem să o fac, mărturisirea n-a mai avut loc din cauza timidităţii mele si pentru că în scurt timp s-a întors în Moldova, pricinuindu-mi o mare durere.

Între timp, mă împrietenisem cu Ion, ajutorul morarului. Flăcău de 18 ani venit de la munte, nu avea prieteni în sat. Mânat de o puternică dorinţă sexuală, umbla după fete, eu devenindu-i un fel de confident. Conversam cu el la fel de deschis ca şi cu Măria şi m-a ajutat să-mi completez „educaţia sexuală".

Printre altele, am învăţat să folosesc expresii vulgare şi înjurături, pe care le practicam liber la moară, unde veneau fel de fel de oameni. Majoritatea zâmbeau când auzeau ce vorbe ieşeau din gura „copilaşului", asta până când unul dintre săteni i-a spus mamei că şi-ar bate copilul dacă ar vorbi astfel. Desigur, am fost aspru admonestat.

Se pare că mama nu era prea mulţumită de munca Măriei, căci la scurt timp a înlocuit-o cu o altă fată. Veta avea aproximativ 25 de ani şi era alt gen de fată: liniştită, zâmbitoare, nu vorbea vulgar şi, deşi avea faţă de mine un fel de grijă maternă, ştia să menţină distanţa.

Între timp îl primisem în gazdă pe domnul Emil – tânăr judecător necăsătorit, frumuşel şi manierat. La scurt timp după venirea lui am descoperit că Veta îi devenise amantă. Patul meu era aşezat lângă camera lui Emil, iar seara, după ce mă culcam, printr-o uşă blocată care despărţea încăperile, auzeam scârţâiturile ritmice ale patului, ceea ce mă excita. I-am comunicat Vetei descoperirea dar a negat totul, până când am surprins-o ieşind în „neglijeu" din camera în prealabil încuiată a lui Emil. Neavând încotro, a acceptat tacit existenţa relaţiei, dar cu mult bun simţ, fără să intre în amănunte.

De fapt mă împrietenisem cu ambii membri ai cuplului. Emil mi-a completat „educaţia sexuală" în domenii mai puţin cunoscute mie, ca ciclul femeii, prostituţia, aberaţiile sexuale etc. Devenind prieteni „la cataramă", îmi permiteam să mă comport cu el ca şi cu un frate mare.

Uneori se întorcea seara acasă folosindu-se de o lanternă, afară fiind întuneric beznă. Într-o seară, văzând că se apropie cu lanterna, m-am hotărât să-l sperii. Furişându-mă pe întuneric, i-am sărit în spinare şi i-am ţipat în urechi. S-a speriat zdravăn, a tresărit şi a început să bâiguie dar, întorcând capul spre mine, mi-am dat seama cu groază că, acesta nu era Emil, ci directorul şcolii. Desigur, am rupt-o la fugă. A doua zi i-am spus mamei că nu merg la şcoală deoarece nu mă simt bine. Întâmplarea nu a avut urmări. Până azi nu ştiu dacă domnul director a trecut cu vederea incidentul sau pur şi simplu nu m-a recunoscut.

Cu Veta discutam deschis despre sex, încercând să evit cuvintele vulgare. Se pare că ţinea la mine. Uneori mă îmbrăţişa şi mă săruta pe buze, dar nu mai mult de atât.

Într-o zi, mi-a dat de înţeles că este gravidă. A înghiţit de faţă cu mine câteva pastile, exprimându-şi însă îndoiala în legătură cu efectul lor (provocarea avortului). Dimpotrivă, eu o încurajam să păstreze sarcina. La scurt timp după aceea, a plecat de la noi. Am auzit apoi că a născut la casa de naşteri o fetiţă care semăna leit cu Emil.

DATE ISTORICE (ANII 1920-1946)

Între cele două războaie mondiale are loc o frumoasă creştere a economiei româneşti. În cursul reformei agrare a Regelui Ferdinand (1917-1921) se distribuie aproape 6 milioane de hectare la 1.4 milioane de ţărani. Ca urmare, ţăranii cu gospodării mai mici de 10 hectare posedau aproape două treimi din terenul arabil al ţării. Totuşi, fărâmiţarea excesivă a pământului, lipsa creditelor şi ignoranţa nu permit crearea unui sector agricol productiv modern, iar sărăcia continuă în multe zone agricole.

În ciuda creşterii producţiei industriale, România rămâne o ţară preponderent agricolă. Criza economică mondială dintre 1929 şi 1931 duce la prăbuşirea preţului grânelor şi la secarea capitalului străin, provocând criza agricolă şi creşterea şomajului.

Relansarea industriei româneşti începând cu 1934, în special cu capital autohton, determină o creştere de 26% a producţiei industriale între 1931 şi 1938, în timp ce în majoritatea ţărilor dezvoltate economia este în declin.

După căderea României în sfera de influenţă germană în 1939, este semnat un acord economic pe 10 ani cu Germania. În timpul războiului, aceasta se aprovizionează din România cu petrol, grâne şi produse industriale, dar se opune să plătească contravaloarea în aur sau produse astfel încât chiar şi oficialităţile încep să vorbească de exploatarea ţării de către germani.

Bombardamentele aliaţilor din 1943 şi 1944 încetinesc producţia industrială. În timp ce Armata Roşie pătrunde pe frontul moldovenesc, are loc lovitura de stat din 23 august 1944. Antonescu este arestat din iniţiativa Regelui Mihai, cu colaborarea unor ofiţeri superiori. Toţi istoricii occidentali sunt de acord că civilii înarmaţi, conduşi de Partidul Comunist, au avut doar un rol de sprijin în cursul loviturii de stat.

Ocupaţia sovietică blochează fluxul transporturilor, reducând toată activitatea economică. Prin armistiţiul semnat cu Uniunea Sovietică la 12 septembrie 1944, România este obligată la plata unei despăgubiri de război de 300 milioane dolari, dar bunurile transferate sunt evaluate la valoarea din 1938, ceea ce permite sovieticilor să ia de 2-3 ori mai multe produse decât dacă ar fi fost calculate conform prețurilor din 1944 (plata despăgubirilor continuă până în anul 1954).

În plus, se rechiziționează alimente și alte bunuri necesare Armatei Roșii în tranzit, precum și pentru forțele de ocupație. De asemenea, sovieticii expropriază toate proprietățile germane. În 1946 cam o treime din echipamentul industrial românesc fusese deja transferat în Uniunea Sovietică, printre care fabrici întregi precum fabrica de avioane IAR din Brașov. Se apreciază că valoarea totală a „prăzii de război" ar fi ajuns la echivalentul a 1,7 – 2 miliarde de dolari.

În octombrie 1944 comuniștii, social democrații și Frontul Plugarilor formează Frontul Național Democrat (FND). De remarcat că numărul membrilor Partidului Comunist crește de la aproximativ 1000 în timpul războiului, la peste 700.000 la mijlocul anului 1946 (la o populație de aproape 16 milioane).

Conducerea Partidului Comunist se constituie pe de o parte din „comuniști autohtoni" ca Gheorghe Gheorghiu-Dej și Lucrețiu Pătrășcanu și, de cealaltă parte, din „aripa moscovită" a Anei Pauker și a lui Vasile Luca, existând o luptă pentru putere între cele două grupări. La ordinul lui Stalin, Gheorghe Gheorghiu-Dej este ales prim secretar al partidului, dar „aripa moscovită" continuă să aibă o funcție importantă în conducere.

Sub presiune sovietică directă, Petru Groza, simpatizant al comuniștilor, este numit la șefia guvernului la 6 martie 1945. Andrei Vișinschi, reprezentantul Ministerului de Externe Sovietic, prezintă Regelui Mihai un ultimatum prin care cere demiterea guvernului Rădescu și numirea lui Petru Groza pentru a forma un nou guvern, sub amenințarea că, în caz contrar, România își riscă independența.

Tancurile sovietice înconjoară Palatul Regal, trupele sovietice dezarmează trupele românești, ocupă Palatul Telefoanelor și posturile de radio-emisie. În lipsa sprijinului occidentului, Regele este nevoit să cedeze. De remarcat că în vizita secretă a lui Churchill la Moscova, înaintea întâlnirii de la Ialta, acesta îi promisese lui Stalin 90% influență sovietică în România.

Numirea lui Petru Groza înseamnă acapararea puterii de către comuniști. Groza numește comuniști în posturile cheie și refuză numirea în guvern a reprezentanților legitimi ai partidelor Național Țărănesc și Național Liberal, excepție făcând dizidenții acestor partide care acceptă dominația comunistă. În primele săptămâni ale puterii, guvernul Groza efectuează reforma agrară. Se împart 1,1 milioane de hectare de teren arabil la 800.000 de țarani.

În mai 1945 România și Uniunea Sovietică semnează un acord economic pe termen lung, care permite constituirea societăților mixte: „Sovrom"-uri. În aceste societăți scutite de impozite sovieticii dețin pozițiile cheie, controlează toate sursele de venit ale României inclusiv industria petroliferă și producția de uraniu, și, de-a lungul anilor, vor provoca pierderi enorme economiei românești. În 1946 industria românească produce mai puțin de jumătate față de 1938.

În mai-iunie 1945, Ion Antonescu, Mihai Antonescu și doi generali sunt acuzați de crime de război, judecați și apoi executați.

La conferința de la Potsdam, în iulie-august 1945, Statele Unite protestează deoarece Uniunea Sovietică nu implementează declarațiile de la Ialta și cer alegeri libere în România. Uniunea Sovietică refuză, argumentând că ar fi un amestec în treburile interne ale României și cere ca Statele Unite, Marea Britanie și Franța să recunoască guvernul Petru Groza, ceea ce acestea refuză.

Regele Mihai cere demisia lui Petru Groza, guvernul nefiind recunoscut și nici democratic. Groza se opune și atunci Regele se retrage la reședința sa de vară, refuzând să semneze actele legislative și decretele guvernamentale („greva regală").

În decembrie 1945, la întâlnirea miniștrilor de externe de la Moscova, Statele Unite acuză guvernul român ca fiind autoritar și nereprezentativ, cerând numirea în guvern a reprezentanților legitimi ai partidelor de opoziție. Stalin face concesii limitate: sunt numiți doi miniștri din opoziție, dar fără portofolii și sunt stabilite alegeri pentru 19 noiembrie 1946.

Sindicatele controlate de comuniști împiedică împărțirea ziarelor partidelor de opoziție. Mulți activiști ai partidelor de opoziție sunt atacați fizic. În martie, comuniștii reușesc să provoace o diviziune în sânul Partidului Social Democrat și începe discreditarea figurilor proeminente ale Partidului Național Țărănesc și Partidului Național Liberal, înfierândui ca reacţionari, profascişti, antisovietici şi că ar submina economia şi unitatea naţională.

Candidatura lui Petru Groza, avocat înstărit, care nu era membru al Partidului Comunist şi care a dus la început o politică relativ democratică, induce în eroare o parte din electorat. Se pare că mulţi, chiar şi din pătura de mijloc, votează în favoarea lui la alegeri.

Potrivit rezultatelor oficiale FND a obţinut 84% din voturi, dar unii istorici susţin că alegerile au fost falsificate masiv şi că, de fapt, ar fi primit sub 50%.

Imediat după alegeri Groza devine unealta docilă a comuniştilor, transpunând în fapte politica dictată de aceştia. Deputaţii partidelor de opoziţie ori părăsesc în curând Marea Adunare Naţională, ori le este interzisă participarea la dezbateri. Obiecţiile Statelor Unite şi Marii Britanii sunt respinse drept amestec în treburile interne.

2. Jaful (1947 – începutul anilor '50)

Gospodăria

Noul guvern nu a mai permis arendarea pământului, noi fiind acum nevoiți să-l lucrăm în regie proprie. Spre bucuria mea, curtea s-a umplut de animale: câte o pereche de cai, boi și vaci (păsări avusesem și înainte) și aveam și câțiva „muncitori agricoli" salariați care lucrau pământul arabil, livezile și aveau grijă de gospodărie.

Îi însoțeam deseori la munca câmpului și m-am împrietenit mai ales cu unul din ei, Bade Laie, țăran sărac fără pământ, însurat, fără copii, foarte inteligent, destoinic și cu bun simț, care lucrase la noi și înainte. De multe ori îl vizitam acasă, unde își înjghebase o gospodărioară frumușică.

M-a impresionat felul cum soția, Nana Veronica, avea grijă de animalele din curte (păsări, purcei, capre, cățel), cu care vorbea ca și cum ar fi fost copiii ei, iar animalele blânde o ascultau de parcă înțelegeau ce spunea.

Jefuiți

Într-o seară după cină, pe la ora opt, s-a deschis ușa casei și au intrat cinci bandiți, o parte mascați, înarmați cu pistoale și cuțite, care au tras perdelele și au legat-o pe mama și pe cei doi bătrâni de scaune. În timp ce bătrânii se văitau și plângeau, mama și cu mine am rămas liniștiți.

Șeful bandei m-a luat de mână ca să-i arăt unde sunt banii și bijuteriile. Ca să-i îmbunez, le-am oferit macheta din alamă a unui tun din primul război mondial, primit cadou de tatăl meu de la soldații pe care îi instruise la mitraliori, dar m-au refuzat. Știind că mama ține valorile în dulap, le-am indicat dulapurile. În continuare, l-am însoțit tot timpul pe șeful bandei, care părea un om sigur pe sine și liniștit.

Timp de trei ore au cotrobăit și au luat tot ce au putut: bani, bijuteriile mamei, lenjerie, mașina de cusut etc. Se pare că veniseră cu un camion, staționat pe un teren viran în spatele grădinii.

La urmă au încercat s-o șantajeze pe mama ca să divulge unde a ascuns eventualele valori pe care bănuiau că le-ar mai avea, spunându-i că dacă nu va mărturisi, ne vor lua cu ei. Atunci am început să-l rog pe șeful bandei să nu ne omoare.

Până la urmă, ne-au încuiat în casă şi au plecat. Deşi banditii au fost prinşi de poliţie după o jumătate de an şi torturaţi, majoritatea lucrurilor nu au mai fost recuperate.

SECETA

După doi ani consecutivi de secetă (1945-1946), anul 1947 a fost marcat de foamete, care a atins în special Moldova. În urma unei acţiuni organizate, copiii din Moldova calamitată s-au adăpostit la familii din zonele neafectate. La noi a ajuns o fetiţă din judeţul Dorohoi.

Într-o zi a intrat în curtea noastră un moldovean şi a cerut ceva de mâncare. Mama i-a aşternut un prosop pe masa din curte, i-a pus în faţă o oală de lut plină cu lapte bătut, o jumătate de pâine (pâine de ţară coaptă la cuptor, care cântărea câteva kilograme), cană, polonic şi cuţit, să mănânce pe săturate, şi şi-a văzut de treburile gospodăriei. Când s-a întors, spre mirarea dânsei, omul mâncase tot!

REFORMA MONETARĂ

Din comerţ lipseau alimentele de bază. În loc de zahăr mama făcea sirop din sfeclă de zahăr. Ulei se obţinea mai uşor din floarea soarelui sau seminţe de dovleac. Portocală am văzut prima dată la 12 ani, iar banană la vârsta de 25.

În 1947 se ajunsese la hiperinflaţie, valoarea banilor deteriorându-se cu repeziciune. Guvernul a realizat prima reformă monetară. Fiecare familie a putut să schimbe în lei noi doar o anumită sumă, destul de mică. Unii oameni au ars saci întregi cu bani rămaşi fără valoare.

Imediat după reformă, comerţul a „lâncezit" deoarece populaţia dispunea de puţine lichidităţi monetare iar producătorii evitau să-şi ducă marfa în piaţă deoarece se temeau că vor fi obligaţi să o vândă sub valoarea reală. Ca să facă faţă cheltuielilor curente, mama a trimis la piaţa din Deva două căruţe cu mere care au fost asaltate de cumpărători.

În continuare s-a trecut la naţionalizarea principalelor mijloace de producţie, a băncilor, imobilelor etc.

Prigoana

Concomitent, s-a pornit prigoana împotriva membrilor partidelor de opoziţie şi a „exploatatorilor". Arestările nelegale, fără mandat de arestare, curgeau în lanţ, unii fiind reţinuţi fără motiv sau pentru motive neclare pentru noi.

Pe 30 decembrie 1947 eram în tren, în drum spre mătuşa mea din Arad. Când a aflat neplăcuta veste că regele a abdicat, o duduie din compartiment a început să se lamenteze. Prigoana a continuat cu intermitenţe de-a lungul întregii epoci de dominaţie comunistă.

Bancuri

Deşi aspru pedepsite, bancurile politice aveau o largă circulaţie.

● Doi cetăţeni conversează:
— În câte categorii se poate împărţi populaţia României?
— În trei: cei care au fost la închisoare, cei care sunt la închisoare şi cei care vor fi la închisoare.

● Altă conversaţie:
— Care sunt cele mai periculoase bancuri politice?
— Cele de 10/5.
— Nu înţeleg ce vrei să spui.
— Adică 10 ani de muncă silnică pentru cel care îl povesteşte şi 5 ani pentru cei care-l ascultă.

● O babă vede o coadă mare şi întreabă:
— Ce se dă?
— Au sosit ceasuri din URSS.
— Atunci stau şi eu. Pe al meu îl recunosc dintr-o mie!

Activităţi culturale şi de propagandă

Îmi aduc aminte de sărbătorirea zilei de 7 noiembrie (25 octombrie după „stilul vechi"/calendarul iulian), ziua victoriei „Marii Revoluţii Socialiste (bolşevice)" din Rusia. Începând cu 1 noiembrie, în fiecare seară era câte un eveniment cultural, de la care eram nelipsit: filme sovietice aduse de

„caravană" (cu generator de curent), piese de teatru, tragere la ţintă cu arme de vânătoare, retragere cu torţele etc.

Se scandau lozinci:

> „Ana, Luca şi cu Dej
> Au băgat spaima-n burgheji!",
> „Cu Partidul nostru-n frunte,
> Spargem munte după munte!"

Propaganda comunistă lucra din plin. Erau expuse grafice cu creşterile planificate ale producţiei de curent electric, oţel etc. Se preamărea eroismul şi viaţa fericită a omului sovietic. Ştiinţa şi tehnica sovietică erau cele mai avansate din lume, majoritatea oamenilor de ştiinţă şi a inventatorilor fiind ruşi. În schimb, „modul de viaţă american", „imperialiştii americani", „aţâţătorii la război" erau aspru criticaţi, defăimaţi, caricaturizaţi.

Adevărul este că mulţi cetăţeni erau nemulţumiţi de regim; în special intelectualii şi oamenii mai înstăriţi, dar şi mulţi dintre ţarani. Se vorbea că va fi război şi că vor veni americanii. Aveam un vecin care tocmai îşi construise o casă nouă. Mama mi-a povestit că acesta i-a declarat că nu i-ar părea rău să-i bombardeze casa nouă şi s-o distrugă din temelii, „numai să vină americanii şi să ne scape de comunişti".

La acestea s-a adăugat şi campania de defăimare a lui Tito, apoi condamnarea „atrocităţilor" săvârşite de americani în Coreea, sprijinul ţărilor înfrăţite şi solidaritatea oamenilor muncii cu lupta dreaptă a poporului coreean.

SUFERINŢELE MAMEI

Secretarii de partid care s-au succedat în comună erau oameni simpli, fără multă şcoală, care se străduiau din răsputeri să transpună în fapte „ascuţirea continuă a luptei de clasă" propovăduită de Stalin.

Mama, văduvă vârstnică, bolnavă şi fără multă experienţă de viaţă, a fost etichetată chiaburoaică şi prigonită fără încetare. I s-au stabilit cote obligatorii către stat la preţuri derizorii şi în cantităţi mai mari decât recolta, astfel încât era nevoită să cumpere produse de pe piaţa liberă pentru a putea face faţă.

I s-a expus caricatura la gazeta de perete. I s-au intentat procese pe motive imaginare: că pe trunchiul prunilor cresc licheni; că borhotul de la fiertul ţuicii scurs într-o groapă ar putea, prin infiltrare, infesta apele râului; că ar fi tăinuit 5 hectare de pământ etc.

La procesul de la Deva, mama a arătat că există o concordanţă perfectă între cartea funciară şi ceea ce a declarat. Procurorul a argumentat însă că deşi actele par în regulă, trebuie totuşi condamnată deoarece este o mare chiaburoaică. A fost condamnată la amenzi grele astfel încât, pentru a acoperi plăţile, a trebuit să vândă o casă.

Secretarul organizaţiei de bază (comitetul de partid) se comporta ca regele neîncoronat al comunei. Într-o seară, fiind băut, a tras cu pistolul în direcţia unui tânăr. Tatăl flăcăului, ţăran sărac, care a protestat, a fost dus la postul de miliţie (poliţia şi jandarmeria se desfiinţaseră) şi a fost bătut până la sânge de către secretarul de partid şi şeful de post. Plângerile lui ulterioare, depuse la Deva, au rămas fără efect.

Suferinţele mamei m-au afectat profund, mă întristau şi mă revoltau. Simţeam că este o mare nedreptate, dar eram neputincios. Sub influenţa celor auzite la şcoală, am început să cred că, de fapt, ţara progresează şi că regimul va construi o societate mai dreaptă. Astfel, încet, încet, am început să consider că suntem victimele nevinovate ale unui proces pozitiv.

În cele din urmă mama a fost deposedată de toată averea şi, în 1951, a plecat la sora dânsei, la Arad, intenţionând să înveţe croitorie. Deoarece eu eram elev în clasa a VII-a, am rămas la internatul şcolii din comună.

Predarea averii a fost o mare uşurare şi pentru mama, şi pentru mine, considerând că de acum putem intra „în rândul oamenilor" pentru că nu mai eram bogaţi.

ŞCOALA

Şcoala, dar mai ales ciclul doi (clasele V-VII), a constituit pentru mine o etapă de primă importanţă. Majoritatea profesorilor erau excepţionali; severi dar drepţi, cu simţ pedagogic, pasionaţi de materiile pe care le predau, aveau chemare pentru meseria de profesor. De la ei am învăţat nu numai simţul datoriei şi cum se învaţă, dar şi ce este omenia. Profesorul de botanică şi zoologie ne pretindea să avem un caiet cu

Autorul cu mama, 1948

rezumatele lecţiilor din carte, inclusiv desenele, să facem ierbar şi insectar. La fizică şi chimie trebuia să citim lecţia care urma să fie predată, să aducem materialele necesare şi să efectuăm în faţa clasei experimentele descrise în carte. Profesorul de română ne-a impulsionat să facem primele compoziţii literare.

Până astăzi ţin minte limba română, matematica, fizica, ştiinţele biologice pe care le-am învăţat la şcoala primară.

Învăţam foarte bine şi simţeam că exista o apreciere reciprocă între mine şi profesori. M-am împrietenit în special cu profesorul de ştiinţele naturii care, deşi foarte sever, mă aprecia foarte mult şi mă prezenta deseori ca model în faţa clasei. Uneori îl vizitam şi acasă pentru a mă ajuta la clasificarea unor plante adunate pentru ierbar.

Dimpotrivă, nu i-am apreciat pe profesorii nepregătiţi, care predau materia într-un mod sec şi neatractiv şi nu mi-am însuşit temeinic nici materiile predate de aceştia. Istoria, de exemplu, a început să-mi placă mulţi ani mai târziu.

La constituirea organizaţiei de pionieri, fiind conştient că nu am şanse să fiu acceptat din cauza situaţiei sociale, nici n-am înaintat cerere de primire. După naţionalizarea averii familiei, la intervenţia profesorului de ştiinţele naturii, am fost şi eu trecut în rândurile organizaţiei, cu o întârziere de doi ani.

Am simţit o bucurie deosebită şi m-am prezentat cu cravata roşie legată de gât şi figura luminată în faţa mamei. Simţeam că s-a făcut dreptate şi eram hotărât să fac totul pentru construirea noii societăţi.

Fiind primul la învăţătură, eram un fel de vedetă la şcoală, apreciat de profesori, în relaţii foarte bune cu colegii şi având mulţi prieteni. La alegerile organizaţiei de pionieri a fost propus şef de unitate un coleg, băiat liniştit şi la locul lui, care făcuse un curs special pentru ocuparea acestei funcţii. La adunarea generală mai mulţi s-au opus propunerii şi au început să-mi scandeze numele. Până la urmă am fost ales în unanimitate, împotriva indicaţiilor venite „de sus".

La invitaţia unui coleg, fiu de ţăran sărac lipit pământului, am mers pe jos într-un sfârşit de săptămână în satul lui natal, Mada, la distanţă de peste 10 km. de Geoagiu. Era un sat de munte, la poalele unor stânci majestuoase, în care Râul Geoagiu a săpat chei adânci. Am rămas impresionat de natura sălbatică şi de oamenii de munte săraci, care lucrau pământul şi creşteau vitele cu tehnici vechi de secole.

Începuse campania pentru intrarea ţăranilor în gospodăria colectivă dar, cu toate eforturile, inclusiv recrutarea cadrelor din învăţământ pentru a-i convinge, majoritatea se opunea ideii colectivizării.

Este interesant că în ciuda tuturor nedreptăţilor şi deformarea realităţii la care am fost martor, inclusiv suferinţele mamei, eram convins de superioritatea sistemului. Consideram că sacrificiul nostru este un aspect nedrept şi dureros, dar neînsemnat faţă de progresul societăţii.

A DOUA IUBIRE

În timp ce lucram cu un grup de pionieri la confecţionarea unei gazete de perete, am colaborat şi cu câteva fete. Spre uimirea mea, câţiva colegi mi-au transmis că una dintre ele, Lucia, a declarat că mă iubeşte: îi plăcea cum arăt, cum mă comport, cum gândesc şi chiar şi numele meu i se părea frumos. Era fiică de profesori, frumoasă, drăguţă, deşteaptă şi voluntară, mai tânără decât mine cu doi ani. Această declaraţie neaşteptată a redeşteptat în mine acel sentiment de iubire pură şi profundă, cu respingerea ideii de contact fizic.

Fiind o iubire mărturisită şi reciprocă, ne priveam cu feţele zâmbitoare, luminate de afecţiune, la rarele întâlniri ocazionale. Afundându-mi privirea în ochii ei, mă tulburam şi aveam un sentiment de fericire intensă. Găsea motive să mă viziteze, de obicei cu câte o prietenă, invocând probleme pioniereşti. Această idilă mi-a luminat ultimii doi ani de şcoală, până ce am părăsit comuna.

A DOUA REFORMĂ MONETARĂ

În 1952 a avut loc o nouă reformă monetară. De această dată cetăţenii au avut dreptul să schimbe toţi banii pe care-i posedau, dar rata de schimb scădea progresiv cu suma. Astfel, familia sorei mele din Cluj a avut ghinionul să vândă casa în care locuiau tocmai în ajunul reformei. Cu banii schimbaţi au cumpărat o pereche de pantofi, iar restul l-au folosit pentru traiul de zi cu zi. În continuare au locuit în chirie.

ARESTAREA MAMEI

După plecarea mamei la Arad am fost chemat la cancelarie, unde mă aştepta şeful postului de miliţie, care m-a întrebat unde e mama. I-am răspuns că este la Arad şi, la cererea lui, i-am dat şi adresa. La scurt timp am primit o scrisoare de la mătuşa, în care îmi comunica că mama a fost arestată, neştiind unde a fost dusă şi nici pentru ce.

Am fost profund afectat. Ştiam că nu s-a ocupat de politică, că este perfect corectă şi nu are nimic de ascuns. Nemaiavând avere, nu-mi puteam explica motivul arestării. Îmi făceam procese de conştiinţă pentru că am divulgat adresa ei din Arad.

În cele din urmă mi-am dat seama că în cel mai bun caz aş fi putut numai să întârzii evenimentul, deoarece miliţia oricum i-ar fi dat de urmă. N-am suflat o vorbă nimănui despre arestarea ei. Nu ar fi ajutat la nimic! Acest secret mă apăsa, provocându-mi stări de tristeţe, nelinişte şi insomnie.

A reapărut după trei luni, îmbătrânită, cu părul alb. Ne-a povestit că a fost închisă la Zlatna şi anchetată majoritatea timpului, cerându-i-se să mărturisească unde a ascuns aurul. Săraca, le-a spus că dacă ar fi avut aur, l-ar fi predat pentru a fi eliberată. Singura ei „vină" a fost că a respectat legile statului şi că nu deţinea aur.

DATE ISTORICE (1947-ANII '50)

EVENIMENTE ISTORICE ȘI POLITICE

În 1946 începe războiul rece și campania de defăimare a „imperialiștilor americani", apoi a lui Tito, în contrast cu preamărirea Uniunii Sovietice și a culturii ruse. În februarie 1947 se semnează la Paris tratatul de pace cu Aliații care prevedea, printre altele, respectarea drepturilor omului, inclusiv drepturile politice, libertatea cuvântului, a religiei, dreptul de asociere etc., pe care guvernul comunist nu le va aplica niciodată.

Planul Marshall pentru reconstrucția economică a Europei este refuzat de România, ca de altfel de către toate statele aflate sub dominație sovietică, pe motiv că ar fi un amestec în treburile interne. În urma anunțării planului Marshall, a expulzării comuniștilor din guvernele francez și italian și a constituirii blocului de vest, Stalin va institui un control complet asupra Europei de Est. Se constituie Cominform-ul, organizație a Partidului Comunist al Uniunii Sovietice și a partidelor comuniste din țările est-europene, Franței și Italiei.

În iarna anului 1946-1947, în urma secetei, a jafului grânelor și restului alimentelor de către trupele de ocupație, a plății despăgubirilor de război, a inflației, a reformei agrare din 1945 și a dezinteresului regimului, Moldova suferă de foamete pentru prima dată după 100 de ani. Numărul deceselor raportate este cu peste 100.000 mai mare decât cele înregistrate în anul următor. Se primește ajutor umanitar străin, mai ales din partea SUA, constând în special în alimente.

Peste Prut (în Basarabia) situația a fost și mai dezastruoasă: un procent semnificativ din populație a devenit „distrofic", mortalitatea ajungând după unele estimări la 100.000 – 300.000 persoane. În combinație cu migrația locuitorilor, acestea au condus la o catastrofă demografică. Criminalitatea și mai ales furtul alimentelor s-au răspândit. Au fost semnalate inclusiv cazuri de canibalism.

În decembrie Regele Mihai este forțat să abdice, fiind amenințat de Groza și Gheorghiu-Dej cu greva guvernamentală și războiul civil. În 1948 este proclamată Republica Populară Română și se promulgă o constituție de tip sovietic.

În același an se produce ruptura sovieto-iugoslavă, iar în partidele comuniste din blocul sovietic începe epurarea „titoiștilor" sau a acelora care aprobă „calea națională" de construire a comunismului. În România aceasta servește ca motiv pentru epurarea a 192.000 de membri de partid, în 1949. Lucrețiu Pătrășcanu, fost lider comunist, ministru și profesor universitar este închis, judecat și apoi executat, fiind considerat „deviaționist și prieten al criminalilor de război".

REFORMELE MONETARE

Prin stabilizarea din 1947, statul acaparează practic toți banii din circulație (95%). Măsura este resimțită în special de burghezia comercială și industrială care nu reușise să părăsească țara, dar sunt loviți toți cei care posedau bani în momentul când, pe neașteptate, s-a anunțat reforma. Așa cum se spunea la unul din posturile de radio occidentale: „România și-a jefuit propriul popor".

În 1952, în toiul zvonurilor care circulau de peste doi ani, a inflației în urma tipăririi excesive a banilor și a panicii care a declanșat un val de cumpărături excesive urmate de retragerea de pe piață a bunurilor neperisabile și închiderea completă a magazinelor printr-un decret, este anunțată a doua reformă monetară.

Aceasta lovește mai ales pe țărani și pe cei cu numerar; cei care dețineau banii la CEC beneficiind de o rată de schimb ceva mai bună. În urma stabilizării, puterea de cumpărare a populației a scăzut brusc din nou, iar producătorii aduceau puțină marfă pe piață de teamă că vor fi obligați să o vândă sub valoarea reală, ceea ce a dus la colapsul comerțului socialist.

NAȚIONALIZAREA

În 1948, Marea Adunare Națională votează completarea naționalizării băncilor, a societăților industriale, miniere, de transport și de asigurare. Se naționalizează și bunurile imobiliare peste o anumită valoare. În 1951 statul controlează 90% din industrie.

CONFISCAREA VALUTEI ȘI A METALELOR PREȚIOASE

După legiferarea obligativității predării acestor bunuri, este pornită o campanie de depistare a celor suspectaţi că ar deţine în mod ilegal valută, aur sau bijuterii ce depăşesc „necesarul" pentru uz personal. Se folosesc informatori şi se efectuează numeroase percheziţii şi anchetări în stare de arest. Sunt confiscate şi salbele cu „cocoşei" de la gâtul ţigăncilor nomade.

IMPOZITAREA PARTICULARILOR

Preconizându-se cooperativizarea, se stabilesc impozite grele pentru micii meseriaşi liber-profesionişti sau micii comercianţi. Până să fie forţaţi să intre în cooperative, aceştia vor vărsa sume uriaşe în visteria statului. În 1953, numai 14% din magazine mai sunt particulare.

COTE OBLIGATORII DIN RECOLTĂ

Pentru a forţa ţărănimea să intre în gospodăriile colective, pe lângă alte măsuri, se stabilesc cote obligatorii de recoltă, pentru acestea statul plătind o contravaloare bănească mult sub preţul pieţei. Aceste cote reprezintă majoritatea recoltei şi uneori chiar o depăşesc. Astfel, statul obţine majoritatea produselor agricole, pe preţuri de nimic.

La începutul anilor '50, statul deţine toată bogăţia ţării.

PRIGOANA

În a doua jumătate a anului 1947 se declanşează prigoana împotriva membrilor partidelor de opoziţie. Numeroşi politicieni sunt arestaţi sau părăsesc ţara. Partidele Naţional Ţărănesc şi Naţional Liberal sunt dizolvate, Iuliu Maniu şi Ion Mihalache sunt judecaţi sub acuzaţia de complot împotriva guvernului, fiind condamnaţi la închisoare pe viaţă.

În 1956 se va anunţa că Iuliu Maniu a decedat în închisoare în 1953. La fel sunt epuraţi din partid foştii membri ai partidelor de opoziţie care au colaborat la preluarea puterii de către comunişti.

Deşi constituţia acordă drepturi civile şi politice şi recunoaşte proprietatea privată, foarte curând autorităţile renunţă la separarea juridicului de executiv şi se înfiinţează Departamentul Securităţii Statului (Securitatea).

Printr-un act emis in 1949, indivizii consideraţi periculoşi pentru societate pot fi pedepsiţi chiar dacă abaterile nu sunt definite de către lege ca fiind „criminale". Se introduce sentinţa capitală pentru crime economice grave.

Prigoana se extinde împotriva „exploatatorilor", a unor intelectuali, a celor suspectaţi că deţin valută sau că difuzează bancuri politice. Securitatea face multe victime iar închisorile şi taberele de muncă devin neîncăpătoare.

CULTURA

Se rescrie istoria, fiind accentuată marea contribuţie a Rusiei şi importanţa influenţelor slave. La şcoală este introdus studiul obligatoriu al limbii ruse, se pune accentul pe ideologia comunistă, evidenţiind contribuţia esenţială a Rusiei şi a Uniunii Sovietice la dezvoltarea ştiinţei şi culturii.

Legăturile culturale cu occidentul sunt rupte, scriitorii şi artiştii fiind obligaţi să îmbrăţişeze „realismul socialist". Biserica Ortodoxă devine o instituţie controlată de stat.

REFORME SOCIALE

După preluarea puterii de comunişti, sunt realizate mai multe reforme sociale importante, de care vor beneficia pături largi ale populaţiei.

ÎNVĂŢĂMÂNTUL OBLIGATORIU ŞI GRATUIT

Deschide larg porţile şcolilor tuturor. Partidul Comunist vede educaţia drept o mare realizare a regimului, factor de importanţă capitală pentru „crearea omului socialist" de tip nou şi un mijloc de furnizare a forţei de muncă necesară dezvoltării economiei.

Are loc o creştere continuă a numărului cadrelor didactice la toate nivelurile de învăţământ, cu scăderea proporţiei elevi/profesor. Se acordă burse şi indemnizaţii celor ce studiază. Se pune accentul pe primirea preferenţială a fiilor de muncitori şi ţarani în instituţiile de învăţământ mediu şi superior.

Este necesară crearea unei intelectualități noi, devotate cauzei comuniste și ușor de manipulat. Elita intelectualității vechi este eliminată. Mulți își pierd serviciul, sunt deposedați de avere, închiși sau chiar uciși. Cei care supraviețuiesc epurării va trebui să accepte supunerea și cooperarea cu noul regim.

LICHIDAREA ANALFABETISMULUI

În 1945, 27% din populație este analfabetă; în urma unei intense campanii de alfabetizare, analfabetismul este oficial „eradicat" în 1966.

ASISTENȚA MEDICALĂ GRATUITĂ

Constituie un mare progres pentru îmbunătățirea sănătății poporului. Asistența medicală devine mult mai accesibilă. Cu timpul se va pune accent pe lupta împotriva bolilor infecțioase (malaria, poliomielita, sifilisul, tuberculoza), educația sanitară a populației, scăderea mortalității infantile și creșterea expectanței de viață.

DREPTUL LA MUNCĂ ȘI PENSIE DE VÂRSTĂ

Aceste drepturi sunt asigurate pe toată durata regimului când, practic, nu există șomaj. Salariul, în mare parte, nu are legătură cu productivitatea, eficiența sau chiar cu necesitatea muncii salariatului.

URBANIZAREA

În 1948 populația rurală reprezintă 77% din totalul locuitorilor țării. Odată cu începerea industrializării, forța de muncă disponibilă de la țară, mai ales tinerii, începe să fie absorbită de întreprinderile în plină dezvoltare din orașe, unde câștigul este mai bun. Acest lucru va duce la creșterea populației orașelor, determinând aglomerație și probleme de spațiu locativ.

DECLARAȚIE

Subsemnatul *Rafael Rafolia* născut în com. *Storacsnizia-Ivsantsi* ___ raionul ___ în anul *1847* luna *Iaunie* ziua *29*, fiu (ca) lui *Sigfrid Stii* și al *Sardota* ___

am luat cunoștință că în conformitate cu Decizia M.A.I. Nr. *288/1912*, nu mai am dreptul să locuesc în *com. Geoagiu* raionul *Orestie* ___ *Oras Aiud* ~~Com Pâncota~~

Mă oblig să părăsesc localitatea în termen de *3* zile, și să mă stabilesc în ___ raionul *AIUD* ~~Regiunea Arad~~ *Reg. Cluj*

Mi s'a adus la cunoștință că în caz de nerespectare a prezentei declarații, sau dacă voi părăsi localitatea unde mă stabilesc fără aprobarea prealabilă a Miliției, voi suferi sancțiunile prevăzute de art. 7 din Decretul Nr. 243/950, care mi s'a citit.

Drept care dau prezenta declarație.

Semnătura *Rafael Rozeliu*

Domiciliul ___

c. 3758 Formular 8/352

Dată în fața noastră,
Astăzi *3 Mai 1912*
Comandant,

1

1952– Declarație domiciliu obligatoriu (a mamei autorului): „Am luat cunoștință că nu mai am dreptul să locuiesc în Geoagiu; părăsesc localitatea în 3 zile și mă stabilesc în Aiud, Reg. Cluj" (com. Pâncota, Regiunea Arad este tăiată – n.a.).

3. „ÎNFLORIREA"
(ÎNCEPUTUL ANILOR '50 – MIJLOCUL ANILOR '70)

CU DOMICILIU OBLIGATORIU LA AIUD

În aprilie 1952, la scurt timp după ce a fost eliberată din închisoare, mama m-a vizitat la şcoală pentru a mă anunţa că trebuie să părăsim comuna în 72 de ore, fiind trimişi cu domiciliu obligatoriu la Aiud. Voiam să mai rămân încă două luni la internat ca să termin clasa, dar mama mi-a arătat că şi numele meu figura pe somaţia primită.

Am fost şocat! Nu-mi venea să cred că un elev premiant, apreciat de profesori şi colegi, dedicat regimului, şeful unităţii de pioneri, putea fi trimis cu domiciliu obligatoriu. Nedreptatea m-a întristat profund dar, în acelaşi timp, mi-a întărit hotărârea neclintită de a lupta cu toate vicisitudinile şi de a reuşi în viaţă.

Astfel, a doua zi am părăsit comuna, cu ceea ce am putut încărca într-o căruţă. La Aiud ne-am prezentat la secţia „Spaţiu locativ", unde ni s-a spus că nu ni se poate repartiza nici o locuinţă. Spre norocul nostru, acolo am întâlnit un bărbat care ne-a spus că are doi copii mici şi deoarece soţia sa lucrează, ne-a propus ca mama să le facă menajul şi să aibă grijă de copii în schimbul cazării şi a hranei.

Buletinul mamei fusese ştampilat deasupra pozei cu iniţialele D.O. (Domiciliu Obligatoriu) şi trebuia să se prezinte la miliţie săptămânal.

După câteva luni mama cu greu mai rezista, cu mâinile dureroase şi deformate de artrita reumatoidă. Între timp am descoperit în oraş o rudă îndepărtată care, impresionată de situaţia mamei, a obţinut de la funcţionara de la spaţiul locativ o cameră pentru noi, contra unui bidon de untură!

După absolvirea şcolii primare din Aiud ştiam că nu am nici o şansă să fiu primit la liceu. M-am hotărât să urmez o şcoală profesională, dar am fost refuzat şi acolo.

O altă problemă era asigurarea mijloacelor de trai. Mama nu avea niciun

		Numele de familie	Prenumele	
1951		RAFAEL	GHEORGHE	
1	2	Categoria N	Situația militară	
3	4	9826 869		
5	6		Ctg	Unitatea	Gradul
7	8	Prenumele T. părinților MAXIMILIAM	M. ROZALIA	
9	10	Locul nașterii		
11	12	Brad - Arad		

		Data nașterii	Anul	Luna	Ziua
1952			1938	Aprilie	8
1	2	Cetățenia Româna	Ocupația		
3	4				
5	6	Buletin de Identitate	Decizia M. A. I. 239 / 352		
7	8	Averea:	83 / 949 -		
9	10	a posedat			
11	12	posedă fiu de moșier			

		Date de Cazier
1953		El a fost pentru la munca muncipale
1	2	Steau lucrează la
3	4	fabrica Otelu - ca
5	6	
7	8	Manifestări Politice (trecute, actuale)
9	10	lacates.
11	12	

Membrii de familie apţi pentru muncă

Numele	Prenumele	Et.	Cvl.	Ocupaţia
RAFAEL·	ROZALIA	55	M	

Membrii de familie neapţi pentru muncă

Locul de origine : (Comuna, Raion, Strada Nr.)

Com Geoagiu Orăştie Hunedoara

Domiciliul actual : (Comuna, Raion, Strada Nr.)

Aiud - Aiud

Data sosirii 03-05-1952

Data plecării

Locul unde pleacă

Plasaţi la întreprinderea sau instituţia

1952– Fişa domiciliu obligatoriu a autorului

[Faţă – stânga] Rafael Gheorghe
„Fiu de moşier. El a fost părtaş la averea mamei sale.
Acum lucrează la fabrica Oţelu – ca lăcătuş"
[Verso - deasupra] Membri de familie:
Rafael Rozalia 55 ani, măritată (de fapt văduvă, n.a.)
Loc de origine: Com. Geoagiu, Orăştie, Hunedoara
Domiciliu actual: Aiud, Aiud
Data sosirii: 03.05.1952 [14 ani]

venit, nefiind aptă de muncă, iar pensia de urmaş de avocat i-a fost anulată. De remarcat că în primii noştri ani la Aiud, Bade Laie, fostul „muncitor agricol" în gospodăria noastră, ne-a vizitat de câteva ori, încărcat cu alimente.

Aveam 14 ani şi simţeam că toate drumurile îmi sunt barate. Situaţia părea fără speranţă dar, făcând bilanţul, am ajuns la concluzia că fiind sănătos şi în condiţie fizică bună, singura soluţie este munca. Munca pentru a ne câştiga existenţa şi munca pentru a progresa.

Vara am fost primit împreună cu alţi tineri de vârsta mea la Gospodăria de stat, la adunatul borceagului (măzăriche) cosit. Deşi lucram 10 ore pe zi, câştigam foarte puţin: 5 lei. Ni se spunea că norma era de un hectar de persoană, iar noi ajungeam la mult mai puţin.

Alimentele erau raţionalizate: pâinea, zahărul, uleiul se vindeau pe cartelă, iar cantităţile erau stabilite în funcţie de „categoria" muncii salariatului. La piaţă, litrul de lapte costa un leu, kilogramul de carne – 16 lei.

Mama se trezea la 4 dimineaţa ca să stea la coadă la Aprozar, unde se aducea marfă puţină şi de proastă calitate, dar foarte ieftină. Produsele de îmbrăcăminte şi încălţăminte se puteau cumpăra pe „puncte", în limita totalului de puncte acordate.

LA RECOLTATUL NUIELELOR

Spre toamnă am lucrat la adunatul nuielelor de salcie pentru o cooperativă care producea împletituri din nuiele. Lucram pe malul Mureşului în colaborare cu o pereche mai vârstnică, foşti comercianţi, şi ei tot cu domiciliu obligatoriu. Primeam 2 lei pe kilogramul de nuiele cojite şi uscate la soare. Era o muncă destul de plăcută.

Nuielele se cojeau cu ajutorul unei sârme groase din oţel în formă de V, fixată de un ţăruş, care se înfigea în pământ. Nuiaua era strânsă între ramurile sârmei cu ajutorul mâinii stângi, în timp ce mâna dreaptă trăgea nuiaua cu putere, coaja crăpându-se de-a lungul. Lucram la umbra desişului de lăstari şi, din când în când, mă bălăceam pentru câteva minute în Mureş. Câştigam 9-10 lei pe zi, pe perioada lucrului primind şi cartelă pentru pâine.

MUNCITOR LA FABRICĂ

După terminarea sezonului de recoltare a nuielelor, cu ajutorul unei contabile care ne cunoștea, am fost primit ca „muncitor ucenic" la cooperativa „Oțelul". Era o fabrică cu 300 de muncitori, care producea bricege, cuțite, împletituri din sârmă și alte produse. Am fost repartizat la atelierul de întreținere ca „să învăț meserie".

După o lună am fost invitat la cabinetul tehnicianului, unde se afla și responsabilul cu cadrele. Mi s-a explicat că în conformitate cu codul muncii pot fi angajate numai persoane care au împlinit 16 ani, ori eu aveam numai 14. Totuși, luând în considerare că sunt băiat ascultător și harnic și că am de întreținut o mamă bolnavă, o să mă lase să continui munca, dar daca sunt întrebat, să spun că sunt la practică.

La început, ca „ucenic", trebuia să ajung primul în atelier, să fac focul, să ung lagărele axelor roților curelelor de transmisie, iar la plecare rămâneam ultimul, curățam șpanul de pe mașinile-unelte și măturam. Cu muncitorii am avut relații foarte bune și, fiind cel mai mic, mă trimiteau să cumpăr țigări, să aduc apă de băut, să le dau sculele la mână.

Am fost apoi trecut la munca în serie: fabricarea discurilor de aruncat pentru sportivi, introduse recent în producție. Dacă la început câștigam 250-300 lei, salariul s-a ridicat treptat la 350-450 lei. Eram mândru că lucrez cot la cot cu cei mari și că îmi câștig existența. Din al doilea an am început cursul de calificare la locul de muncă.

Am auzit că la liceu există cursuri fără frecvență și m-am hotărât să încerc să mă înscriu. Îmi era teamă să nu fiu din nou refuzat, dar prezentându-mă la secretariat în salopeta soioasă de muncitor și spunând că lucrez la „Oțelul", am fost înscris imediat, fără să mai fiu întrebat de originea socială și de situația părinților. De-a lungul anilor de liceu am trăit tot timpul cu teama că voi fi „descoperit" și că drumul îmi va fi blocat din nou.

Deși lucram intens, nu prea simțeam greutatea muncii, cu excepția schimburilor de noapte, când în zori simțeam că mi se închid ochii și nu mă mai țin picioarele.

După terminarea cursului de calificare am fost numit controlor de calitate la linia de fabricare a secerilor, produs nou introdus. Salariul s-a ridicat la 800 de lei (salariu frumos în acele timpuri).

Ceea ce m-a frapat în acea perioadă a fost lipsa entuziasmului şi a conştiinţei muncitoreşti atât de trâmbiţate în presă. O mare parte a muncitorilor provenea din mediul rural şi nu erau împotriva regimului, fiind în primul rând interesaţi să primească un salariu bun. În timpul orelor de muncă, practic nu se abordau teme politice.

Tehnicianul ne-a explicat că din cauza investiţiilor masive în dezvoltarea fabricii, salariile sunt mai mici. M-a dat exemplu pe mine, care, fiind atunci în primul an de muncă, aş fi meritat un salariu de 500 lei pentru munca depusă, dar totuşi primeam numai 300.

Într-adevăr, fabrica era în plină expansiune: se introduceau produse noi în fabricaţie şi se construiau hale pentru producţia împletiturilor din sârmă, aceasta fiind cea mai rentabilă secţie, care se baza pe achiziţionarea deşeurilor de sârmă de la uzina „Industria sârmei" din Câmpia Turzii.

O dată pe an eram invitaţi la adunarea generală la care se făcea darea de seamă urmată de o masă îndestulată care includea şi jumătate de litru de vin bun de Aiud, de persoană. Se împărţea şi un mic beneficiu (câteva sute de lei de om).

Uneori muncitorii cumpărau cu acordul conducerii carne de la un particular: porcul era sacrificat şi tranşat de doi muncitori chiar în incinta fabricii. Carnea era vândută cu 14 lei kilogramul, iar proprietarul porcului stătea lângă cântar şi încasa banii.

MOARTEA LUI STALIN (1953)

A fost un eveniment memorabil. Cultul personalităţii lui Stalin marca toate activităţile politice, culturale, sociale. Dispariţia bruscă a „strălucitului teoretician", „marelui strateg", „eminentului om de stat", „conducătorului infailibil al Uniunii Sovietice şi al mişcării comuniste mondiale", a „tătucului nostru", care era cântat în ode, numele lui fiind scandat de mii de glasuri la mitinguri şi în şedinţe, a creat un vid.

Unul din membrii Comitetului de partid din fabrică, om simplu care cu greu era în stare să citească, plângea şi, în timp ce lacrimile îi şiroiau pe faţă, se lamenta: „De ce tocmai el, părintele nostru, a trebuit să moară?".

Existau şi alte păreri. Mulţi sperau ca după moartea dictatorului politica internă şi internaţională să se schimbe în bine, să scadă prigoana, să fie mai multă libertate.

Mama nădăjduia să i se anuleze „domiciliul obligatoriu" şi să se mute la sora mea. Din păcate, abia după încă nouă ani, la vârsta de 66 va fi abolită „legarea ei de glie".

Refuz ridicare D.O., 1956

SERVICIUL " C "
12/oo9281o   STRICT SECRET
    19 oct. 1956,

        C ă t r e ,

        M.A I. DIRECŢIA SECRETARIAT

        La adresa dvs.nr. 23/124162 din 1 oct
a.c., privind pe numita RAFAEL ROZALIA,vă
facem cunoscut că nu i se ridică restric-
ţiile domiciliare.-
        Alăturat vă restituim cererea.-

    ŞEFUL SERVICIULUI "C"
    Lt.Colonel
        Einhorn Wilhelm
                                ŞEFUL SECŢIEI
        GR/TI   Căpitan
    1 ex.la Dir. Secret.   Novac C.-
    1 ex.la dosar.

DIRECTIA GENERALA A MILITIEI
DIRECTIA EVIDENTEI POPULATIEI

STRICT SECRET

Serviciul 1
Nr 155636/ din 02 04 1959

/282

C A T R E,

M.A.I. U.M. 0123/E BUCURESTI

C.D.
T.27.04.959

Trimitem alăturat pentru a dispune, cererea numitului RAFAEL ROZALIA din Aiud care solicită aprobarea părăsirii D.O. pe timp de 2-3 zile p-tru a merge în Orașul Tg. Mureș

Din evidențele noastre rezultă că cea în cauză are D.O. conform Deciziei M.A.i. Nr. 233/952 în categoria fost moșieră. După verificarea comisiei M.A.i. a rămas cu D.O. conform p-u. al rg. Cluj pag. 82.

Rugăm ca odată cu rezultatul să ne fie restituită și anexa.—

ANEXE cererea.

ȘEFUL DIRECȚIEI

ȘEFUL SERVICIULUI
Mr. Micolochi

INTRARE
Nr 0058492
Data 4 IV 59

A.P.

1959– Cerere părăsire D.O. pentru „a merge câteva zile în oraşul Tg. Mureş”.

MINISTERUL AFACERILOR INTERNE
U. M. 0123/E Buc.
Nr. *0058492*
din *30 aprilie 1959*

SECRET

1959– Învoire de 10 zile
,,pentru a para D.O. şi a
merge în oraşul Tg. Mureş"

C ă t r e

DIRECŢIA GENERALĂ A MILIŢIEI
Direcţia evidenţei populaţiei

La adresa dv. nr. *155636/282* din
2 aprilie 1959 privind pe numita
RAFAEL ROZALIA
cu domiciliu obligatoriu în *oraşul Aiud*
str. Stalin nr. 12, regiunea Cluj
Vă facem cunoscut că ~~nu~~ i s-a aprobat
învoire de 10 zile pentru a para D.O. şi a merge
în oraşul Tg. Mureş.
Alăturat vă restituim cererea şi ~~anex~~
cu privire la cel în cauză.

SEFUL UNITĂŢII MILITARE 0123/E
C o l o n e l,

MINISTERUL AFACERILOR INTERNE
SERVICIUL „C"
Nr. 14 | 00 *47.824*
din *14. 03. 1960*

Copie

STRICT SECRET !

1960– Refuz ridicare D.O.

C ă t r e,
M. A. I. DIRECŢIA SECRETARIAT

La adresa dvs. nr. *23/133.623* din *13.*
02. 1960 privind pe numita *RAFAEL*
ROZALIA –
cu domiciliu obligatoriu în *or. Aiud Str.*
I. V. Stalin Nr. 12, Reg. Cluj.
Vă facem cunoscut că nu i s-a aprobat *ridicarea*
restricţiilor domiciliare, deoarece face
parte din categoria foştilor moşieri
Alăturat vă restituim cererea şi ~~anex~~ cu
privire la cel în cauză.

SEFUL SERVICIULUI
Colonel,

SEFUL SECŢIEI
Maior

„Distracții" la fabrică

Noi, cei care lucram „în acord" (salarizare după rezultatele muncii) la produsele de serie, munceam fără întrerupere în timpul orelor de lucru, dar cei de la întreținere, care lucrau „în regie" (salarizare după timpul lucrat), se mai ocupau și de altele în afara activității de producție.

• Un coleg, turnător de metale neferoase, a primit de la armată un transport de ploști de apă turtite, spre a fi retopite. Spre uimirea mea, am văzut câteva ploști cu pereții îndreptați, reveniți la forma inițială. Nu mi-a divulgat cum a reușit să facă asta.

Odată însă l-am surprins că toarnă puțină apă într-o ploscă deformată, pune o bucățică de carbid, înșurubează strâns capacul, pune plosca după o grămadă de cărămizi și se îndepărtează în grabă. După un timp, s-a apropiat cu grijă de ploscă, care era umflată ca un balon și a deșurubat capacul cu grijă, să elibereze acetilena sub presiune.

Într-o zi s-a auzit o explozie puternică. Tehnicianul, îngrozit, a ajuns în fugă și a constatat că o ploscă explodase zburând 15 metri și se desfăcuse ca o floare.

• În curtea fabricii erau șobolani care uneori intrau și în ateliere. Într-o zi, muncitorii au prins un șobolan într-o capcană de metal dar nu știau cum să-l ucidă. Electricianul s-a oferit să-l electrocuteze. L-a atins cu o fază neizolată la capăt, dar nu s-a întâmplat nimic. Atunci a legat o fază de cușca capcanei și cu cealaltă a atins șobolanul, care a căzut ca trăsnit. I-au aruncat leșul lângă lada de gunoi dar după o jumătate de oră, șobolanul „mort" s-a ridicat pe picioare și a dispărut.

• Iarna 1953 – 1954 a fost foarte grea. Unul din muncitori a inventat un dispozitiv de încălzire mobil: un tub de cupru care se introducea în sobă și era alimentat de un mic rezervor de motorină. Tubul făcea în sobă o buclă expusă flăcării, unde motorina se gazeifica. Pentru a por-ni aparatul, se făcea preîncălzirea prin aprinderea unei mici cantități de cenușă îmbibată cu motorină într-o tăviță montată sub tub, apoi gazele țâșneau cu putere și întrețineau flacăra. Debitul motorinei și astfel, intensitatea flăcării, puteau fi reglate cu un mic robinet.

Inventatorului i-a venit ideea năstrușnică să mai atașeze încă un tub legat de un mic rezervor de apă care se unea cu tubul din sobă. După teoria lui, apa, fiind formată din hidrogen (care arde) şi oxigen (care întreţine arderea), trebuia doar încălzită la o temperatură suficient de înaltă ca să se declanşeze reacţia. Se vede că nu cunoştea legile termodinamicii. Încălzirea cu motorină producea o flacără frumoasă şi puternică dar, când a deschis robinetul de la tubul cu apă, s-a produs o mică explozie, flacăra s-a stins şi capacul sobei a sărit. Încercări repetate au dus la acelaşi rezultat.

Contabila, care ne vizitase în atelier, s-a mirat de căldura plăcută de la noi şi l-a rugat pe inventator să încălzească astfel şi biroul unde lucra ea. După ce a montat instalaţia şi soba s-a încins, le-a atras atenţia să nu umble la al doilea robinet, dar una din funcţionare l-a deschis din greşeală. S-a produs o explozie care a zburat capacul sobei (sobă masivă, „canadiană”).

În momentul exploziei, unul din contabilii care scria, a mâzgălit registrul printr-o mişcare involuntară, iar contabila care vorbea la telefon a început să bâiguie cu accent ardelenesc: „A explodat, a puşcat, a explodat, a puşcat!”. S-a lăsat apoi o funingine neagră, forţând funcţionarii să-şi strângă hârţoagele şi să părăsească în grabă încăperea. Un lucrător care se afla acolo ne-a relatat scena, spre marele haz al muncitorilor.

„MIRAJUL” BICICLETEI

Nu aveam ceas de mână, aparat de radio sau bicicletă, considerate atunci obiecte de lux. În dădeam mamei toţi banii, în afară de o mică sumă de buzunar. Timp de doi ani, din această mică sumă am strâns aproape 800 lei, preţul unei biciclete marca MIFA, pe care doream să mi-o cumpăr. Visam zilnic la plăcerea de a rula spre casă de la fabrica din deal, fără să pedalez.

Spre ghinionul meu, cu puţin înainte de a realiza suma necesară, bicicleta mult dorită s-a scumpit la 1.200 lei. Totuşi, banii mi-au prins foarte bine, deoarece am putut să-mi iau concediu fără plată ca să mă pregătesc pentru bacalaureat.

ELEV LA FĂRĂ FRECVENŢĂ

Deşi ajunsesem într-o poziţie frumoasă pentru vârsta mea, majoritatea eforturilor mi le concentram pe studiu, pentru absolvirea liceului. Apreciam în mod deosebit că am posibilitatea să urmez liceul, era marele meu secret.

Dintre materiile de studiu mă pasionau ştiinţele exacte (matematica, fizica, chimia, astronomia) şi ştiinţele biologice. Printre materiile obligatorii erau limba rusă, istoria şi geografia URSS. Manualele, majoritatea traduse din limba rusă, erau destul de condensate dar scrise raţional, cu materia prezentată sistematic şi logic.

În faţa mea se deschidea o lume nouă. „Descopeream" legile fizicii, chimiei, biologiei, ceea ce îmi dădea o mare satisfacţie. Nu învăţam în paralel din mai multe manuale, ci terminam o materie, apoi treceam la alta, ceea ce asigura continuitate în înţelegerea materialului. Însuşirea materiilor şcolare mă pasiona şi îmi dădea un oarecare sentiment de superioritate faţă de colegii de muncă.

Aveam doi prieteni care locuiau în vecinătate şi erau în aceeaşi clasă cu mine, însă la liceul cu frecvenţă la zi. Ei mă mai ajutau la înţelegerea materiei, mai ales la matematică. Ocupaţia principală în timpul liber era învăţătura. Nu existau prea multe distracţii care să-mi abată atenţia. Nu aveam radio, citeam ziarul în mod regulat, mă întâlneam cu prietenii şi ne vizitam între noi, ne plimbam prin oraş, vizionam câte un film, iarna ieşeam la săniuş sau patinam pe râul îngheţat.

Eram examinaţi de două ori pe an, din jumătatea fiecărei materii în scris, la unele şi oral, iar la sfârşitul anului se făcea media celor două semestre. Se mai întâmpla să mă prezint la câte un examen neavând materia complet însuşită la unele subiecte secundare, dar ştiam că îmi voi putea îmbunătăţi rezultatul învăţând bine restul materiei în semestrul următor. Astfel am reuşit să termin liceul fără nici o corigenţă şi să iau examenul de bacalaureat.

STUDENT LA MEDICINĂ

Iată-mă la răscruce! După patru ani de muncă la fabrică, aveam în faţă posibilitatea de a merge la facultate. Deşi mă simţeam mai atras de ştiinţele exacte şi tehnice, având în vedere „originea socială proastă", am ales medicina, considerând că voi întâmpina mai puţine greutăţi în acest domeniu decât ca inginer.

M-am pregătit asiduu pentru examenul de admitere, împreună cu un prieten. Deşi eram conştient că şansele mele erau mici, cu peste 15 candidaţi pe loc, în toamna anului 1956 am reuşit la examenul de admitere la Facultatea de Medicină din Cluj. Bucuria mea era de nedescris! M-a cuprins euforia şi nu puteam să cred că voi fi student! Spre surprinderea amândurora, prietenul meu nu a reuşit...

Spre norocul nostru, în această perioadă mama şi-a recăpătat pensia de urmaş de 340 lei pe lună.

ARESTAREA FIULUI GAZDEI

La Cluj am stat în gazdă la o unguroaică care avea un fiu de 28 ani, necăsătorit, al cărui vis era să ajungă regizor de film. Evenimentele din Ungaria din toamna anului 1956 l-au prins într-o vizită la Budapesta.

Deşi avea convingeri comuniste, s-a întors din Ungaria cu un ziar scos de forţele răsculate şi a făcut imprudenţa să-l arate câtorva prieteni apropiaţi. Pentru a se feri de eventuale neplăceri, a pus ziarul într-un plic şi l-a dat în păstrare unei bune prietene, zicându-i că sunt scrisori intime care ar prefera să nu cadă în mâinile mamei.

Acesta a fost invitat la „o filmare" în timpul căreia securitatea a făcut o descindere în locuinţa sa. Am asistat la percheziţia care a durat câteva ore, timp în care am fost însoţit de unul dintre agenţi chiar şi la toaletă. Consecinţa: 5 ani de închisoare pentru el şi 2 ani pentru prietena care păstrase ziarul.

VIAŢA DE STUDENT

În toamna anului 1957 ruşii au lansat primul satelit artificial al Pământului (Sputnic). Citind regulat revista „Ştiinţă şi tehnică", eram documentat cu principiile zborului spaţial. Eram entuziasmat! Consideram că este vorba de un mare progres tehnic şi de un eveniment foarte important în istoria omenirii. Întâietatea sovietică în întrecerea pentru cucerirea spaţiului cosmic pleda pentru superioritatea sistemului socialist.

Clujul era un oraş mare, cu o intensă viaţă culturală. Am început să frecventez spectacolele de operă şi să vizionez filme.

La facultate a trebuit să mă acomodez cu bogăţia de informaţii care trebuiau memorate (mai ales la anatomie). Aveam impresia că reţin datele mai greu decât alţii şi repetam materia de multe ori. Vorba profesorului: „Anatomia se învaţă de şapte ori şi se uită de şase". M-am pus cu râvnă pe învăţat, terminând anul întâi cu note bune şi foarte bune. Anul doi l-am absolvit cu zece la toate materiile.

La „inelat"

Verile lucram la pepiniera Gospodăriei de stat din Aiud la inelatul puieţilor şi câştigam 27-28 lei pe zi. Inelatul este operaţia de tăiere a lăstarilor laterali a puieţilor de 2-3 ani, lăsând numai câţiva lăstari terminali pentru formarea coroanei. Lăstarul se taie cu cosorul bine ascuţit, astfel încât să nu fie lezat trunchiul, dar nici să rămână cioturi.

Norma era de 300 de puieţi pe zi, rândurile fiind etichetate cu numele celui care le-a lucrat. Orele de lucru erau de la 7 dimineaţa până la 7 seara, cu două ore pauză la prânz. Lucram deseori împreună cu prietenii mei din vecini. Ajunsesem să tai lăstarii repede şi bine, fiind printre primii la terminatul rândurilor. Eram apreciat, ceea ce îmi dădea satisfacţie.

Era o muncă plăcută, glumeam, sporovăiam, la prânz scoteam din tolbă mâncarea pregătită de mama, apoi ne întindeam la umbră. La capătul rândurilor lungi era o tarla de porumb, cu ştiuleţii tocmai buni de copt. Am învăţat o metodă de coacere rapidă, pentru a nu fi observaţi de supraveghetorul care ne însoţea.

După ce desfăceam ştiuletele, înfigeam în baza lui un mic beţişor ascuţit la capete, cu ajutorul căruia îl fixam vertical în pământ, după care îl împrejmuiam cu iarbă uscată căreia îi dădeam foc. Iarba ardea cu repeziciune şi porumbul ieşea mai mult „pârpălit" decât copt, dar era dulce şi gustos, iar coceanul îl aruncam departe în tarla. Toată operaţia (inclusiv mâncatul) dura doar câteva minute şi supraveghetorul, care se afla la celălalt capăt al rândurilor, n-a prins niciodată de veste.

Un eveniment unic

În plin război rece s-a anunţat la facultate conferinţa unui profesor de psihiatrie din SUA. Cu greu am găsit loc în amfiteatrul arhiplin. Pentru prima oară am văzut un „american" în carne şi oase. Profesorul, de origine română, era un bătrânel simpatic şi simplu îmbrăcat, care vorbea destul de bine româneşte dar cu accent străin şi uneori avea dificultăţi în găsirea expresiilor româneşti.

Tema prelegerii era incidenţa ridicată şi în creştere a tulburărilor psihice în SUA faţă de morbiditatea relativ redusă în RPR. Cred că tocmai alegerea acestei tematici a fost motivul aprobării conferinţei de către autorităţi.

La început a expus faptele prin fraze simple şi inteligibile, apoi a trecut la analiza factorilor favorizanţi a morbidităţii. După părerea sa, motivul principal al creşterii incidenţei tulburărilor psihice în SUA era modul de viaţă american, cu veşnica ei competiţie stresantă. „La noi – spunea el - sunt bogaţi şi sunt săraci. Bogaţii vor să-şi păstreze bogăţia şi să devină şi mai bogaţi. Săracii vor să supravieţuiască, să progreseze şi, dacă se poate, să devină şi ei bogaţi. Pe când la voi... toţi sunt săraci", a adăugat el zâmbind.

Reacţia la această ultimă afirmaţie s-a manifestat prin aplauze furtunoase ale auditoriului (ceea ce nu cred că era în intenţia organizatorilor).

MAREA IUBIRE

La începutul anului doi, mergând pe stradă, am întâlnit-o pe Luci, iubirea mea din copilărie, cu care mai corespondam ocazional. Fusese admisă la facultatea de filologie.

Avea 17 ani şi devenise o tânără frumoasă, cu părul şaten, împletit, ochi căprui, sigură pe sine. Încă de la prima vedere, vechea mea iubire s-a reaprins cu putere. Am invitat-o la operă şi a acceptat fără reţinere. La insistenţele mele, am început să frecventăm în mod regulat spectacole, mai ales de operă. Deşi mi-a mărturisit că nu prea agrea opera, mă întovărăşea şi uneori mă învăluia cu priviri calde.

Întâlnirile cu ea mă tulburau. Ne plimbam pe stradă şi nu-mi venea să cred că am alături o fiinţă atât de încântătoare. Priveam în ochii ei şi simţeam că o iubesc din adâncul sufletului. Adoram totul la ea: ochii, privirea uneori şăgalnică, zâmbetul, graţia mişcărilor, parfumul ei, părul, întreaga ei fiinţă. Pluteam într-o mare de fericire şi îmi făceam planuri de viitor.

Uneori simţeam o puternică atracţie fizică faţă de ea, dar mă reţineam.

Mă temeam că aş putea să o jignesc şi că aş lovi în profunzimea şi puritatea sentimentelor noastre.

Nu eram oare numai nişte studenţi începători fără mijloace de susţinere?! În vacanţa de iarnă am vizitat-o la părinţi, care păreau că nu se opun legăturii noastre. La plecare m-a condus până la poartă. Am simţit pentru ea o puternică atracţie şi am vrut s-o sărut, dar s-a eschivat. Am fost profund dezamăgit.

În semestrul doi am simţit o oarecare răceală în comportamentul ei faţă de mine. Într-o zi, unul dintre colegi mi-a spus ca într-o doară: „Am auzit că Luci se mărită". Am simţit un junghi în inimă. Eram derutat, nu-mi venea să cred. Stabilisem cu ea să vizionăm un film.

La întâlnire mi-a spus „Simt că explodez! Vreau să vorbesc cu tine". Am încurajat-o să-mi spună ce are pe suflet şi atunci a început mărturisirea: „M-ai dezamăgit de la prima întâlnire, când te-am văzut în lodenul jerpelit şi hainele ponosite şi am stat la îndoială dacă să-ţi accept invitaţia. Apoi, eşti foarte timid. Recunosc că au fost momente în care, dacă aveai iniţiativă, lucrurile ar fi putut lua o altă întorsătură, dar tu ai persistat în timiditatea ta. Acum nu mai doresc să ne întâlnim!"

Am simţit că cerul s-a prăbuşit! Totul s-a sfârşit! Frumosul vis se destrămase. Simţeam o durere profundă... mergeam pe stradă ca un lunatic, îmi pierdusem pofta de mâncare, am slăbit. Noaptea mă zvârcoleam în pat şi mă gândeam intens la cele întâmplate. Nu puteam înţelege cum îmbrăcămintea unui om, de care de obicei făceam abstracţie, putea fi mai importantă decât rezultatele obţinute în lupta pentru existenţă, statutul social, valoarea intelectuală, puritatea morală, sinceritatea şi profunzimea sentimentelor.

Profunda dezamăgire m-a vindecat într-o oarecare măsura de timiditatea de care eram conştient că sufăr. Mi-am dat seama că legătura sufletească trebuie împletită cu cea fizică, dar era prea târziu!

Încet, încet, mi-am revenit. În relaţiile viitoare nu am mai suferit de iubiri platonice, am devenit mai agresiv, dar sufletul îmi era ars. Mi-a încolţit îndoiala în legătură cu sinceritatea relaţiilor de dragoste şi nu am mai ajuns la intensitatea sentimentelor şi gradul de adorare din această iubire eşuată.

La începutul anului trei m-am întâlnit pentru ultima dată cu Luci, întâmplător, pe stradă. Mi-a aruncat o privire rece şi m-a întrebat insistent : „Spune-mi, încă eşti student?"; „Da", i-am răspuns, fără să-mi dau seama despre ce este vorba.

C.N.S.A.S.

25 OCT 2013

S.I.P.R.D.

1961– Luarea mamei în evidenţă ca „suspect chiabur", la 9 ani după deportarea cu D.O. pe acest motiv.

EXMATRICULAT

Evenimentele din Ungaria au dus la creşterea „vigilenţei" regimului, care a luat măsuri de prevenire a posibilelor tulburări studenţeşti. În noiembrie 1958, la începutul anului trei, în timpul lucrărilor practice la clinica medicală, unul din colegi mi s-a adresat exprimându-şi regretul că am fost dat afară. Văzându-mi nedumerirea, mi-a explicat că numele meu este afişat la decanat. Într-adevăr, numele meu figura pe o listă cu opt studenţi exmatriculaţi din cauza „situaţiei economico-sociale a părinţilor".

A fost o lovitură cumplită. Abia atunci am înţeles întrebarea pe care mi-o adresase Luci. Am încercat totul pentru a se reveni asupra acestei măsuri laşe şi arbitrare a autorităţilor, dar toate demersurile, memoriile şi audienţele la decanat au fost în zadar. Am fost refuzat categoric, ceea ce m-a convins că este vorba de o acţiune irevocabilă, probabil dictată de conducerea de partid şi de stat.

Deşi nedreptatea m-a afectat profund, mi-a întărit şi mai mult hotărârea de a lupta şi de a răzbate în viaţă. Prima mea reacţie paradoxală, de „apărare", a fost vizionarea tuturor spectacolelor de teatru şi film din oraş dar, cu toate acestea, situaţia continua să mă frământe zi şi noapte.

FOCHIST

Având viza de „flotant" în buletin, m-am angajat ca fochist la o mică fabrică de produse făinoase din Cluj. Majoritatea salariaţilor erau femei. După un timp am observat că una dintre femei îmi făcea „ochi dulci" şi, la un moment dat, mi-a declarat că mă place, propunându-mi să ne întâlnim. Deoarece era măritată, întâlnirea a avut loc la o prietenă de-a ei.

În continuare m-am simţit atras de o femeiuşcă mică şi ageră. La propunerea mea, a acceptat imediat să ne întâlnim. Îmi petreceam la ea nopţile, când soţul lucra în schimbul de noapte. O frământa întrebarea ce cred eu despre ea, deoarece a acceptat să se culce cu mine după prima propunere. Mi-a povestit că se înţelege foarte bine cu soţul şi că o satisface sexual. Având un apetit puternic, îşi trezea soţul în fiecare noapte, sărutându-l şi scuzându-se că l-a trezit, dar acesta făcea faţă bine solicitărilor ei. În legătură cu mine, mi-a explicat că ceea ce a determinat-o să-mi accepte propunerea a fost curiozitatea şi dorul de aventură.

Am avut şi a treia aventură cu o femeie al cărei soţ era închis. Toate aceste relaţii trecătoare n-au avut răsunet în sfera sentimentală, dar mi-au zdruncinat încrederea în fidelitatea femeilor.

După trei luni de muncă am fost depistat de miliţie, care mi-a anulat viza şi a trebuit să părăsesc Clujul.

MUNCITOR PE ŞANTIER

Întors la Aiud, m-am angajat ca muncitor necalificat la un şantier de construcţii industriale deoarece aici nu aveau nevoie de lăcătuşi. Şantierul, foarte bine organizat, era condus de trei fraţi olteni (şeful de şantier, tehnicianul şi supraveghetorul). Grupa de muncitori era venită din Oltenia, iar aceştia munceau cu o râvnă demnă de laudă. La nevoie se turna beton şi noaptea sau duminica, în colaborare perfectă cu muncitorii. Nu era pauză de masă până la prânz şi, pe la ora 10 înfulecam în timp ce munceam dintr-o franzelă pe care o ţineam în buzunar.

În curând, am aflat cauza acestei hărnicii: plata se făcea diferenţiat, în funcţie de aportul fiecăruia, conform aprecierii supraveghetorului. Se câştiga bine, dar nimeni nu divulga cât. Angajaţii ardeleni munceau cu mai puţină râvnă şi se pare că şi câştigul era în consecinţă. Pentru prima lună de muncă am primit 900 lei şi eram foarte mulţumit.

Munceam la roabă şi la lopată; urcam roaba plină direct în vagon pe nişte scânduri groase (nu era rampă), după ce-mi luam avânt şi fiind ajutat de încă doi oameni care stăteau de o parte şi de alta a scândurii.

Aici am executat muncile cele mai neplăcute din viaţă: descărcarea cimentului vrac din vagoane cu lopata (praf dens de ciment forma dopuri în nas deşi purtam mască); căratul în spinare a zeci de tone de scânduri, la 100 metri distanţă, câte 10 ore pe zi.

După o lună am fost numit distribuitor la magazia de scule, dar mi s-a atras atenţia că în timpii morţi, când nu am solicitări, să ajut la munca cu roaba şi lopata.

Deşi eram mulţumit cu câştigul, doream să execut o muncă mai calificată.

Am încercat să mă angajez ca laborant la Spitalul Orăşenesc (trecusem examenele de chimie şi biochimie la facultate), dar mi s-a spus că pot fi primit doar ca absolvent al şcolii sanitare.

ELEV LA ŞCOALA SANITARĂ

În toamna anului 1959 m-am prezentat pentru examenul de admitere la Şcoala Sanitară din Arad. Intenţionam să candidez la secţia farmacie. După ce i-am relatat secretarului şcolii că am fost exmatriculat, mi-a spus că nu am şanse de reuşită şi m-a sfătuit să mă înscriu la admiterea pentru secţia igienă, unde numărul candidaţilor era mai mic decât numărul locurilor şi unde se primeau şi „cetăţeni de categoria a treia".

Cei trei ani petrecuţi la şcoala sanitară s-au dovedit a fi anii cei mai fericiţi din tinereţe. În clasă domnea o atmosferă relaxată, colegială, materiile erau uşoare, profesorii blajini. Primeam o indemnizaţie care creştea în fiecare an, respectiv 300, 400 şi 500 lei pe lună. Locuiam la o mătuşă, aveam prietenă şi mult timp liber.

În anul trei aveam o singură zi de teorie pe săptămână şi în rest, practică la spital, SANEPID şi circumscripţie. Practica la circumscripţie era formală. Asistentul igienist de acolo nu voia să-i tulburăm „ciubucurile", iar medicul îmi semna prezenţa la două săptămâni. Practic, dacă lipseam la o zi de teorie, aveam un concediu neîntrerupt de două săptămâni.

Îmi completam veniturile pregătind elevi de şcoală elementară corigenţi sau care se pregăteau pentru examenul de admitere. În plus, acceptam orice fel de muncă ocazională care se ivea. Mă asociam de obicei cu câte un şofer de autocamion, la încărcat şi descărcat marfă: lemne de la „Combustibilul", ţigle, mobilier pentru cei ce se mutau, legume şi fructe pentru „Aprozar" etc.

Îmi rămânea suficient timp liber să citesc, să vizionez filme, să merg la ştrand pe malul Mureşului, la baia de aburi, să audiez (gratuit) repetiţiile generale ale orchestrei simfonice. La început nu mi-a prea plăcut muzica simfonică şi mergeam de dragul colegilor, dar apoi am început s-o savurez.

RELAȚII DE PRIETENIE

M-am împrietenit mai ales cu Cornel, un coleg care avea tată vitreg și era în relații destul de reci cu părinții. Înainte de admitere fusese „numărător de bani" la bancă. La început a avut probleme financiare, astfel că un alt coleg, care avea grădină, i-a dăruit un sac de cartofi ca să aibă ce mânca.

Fiind fumător pasionat, a renunțat la țigările „Carpați" și a început să fumeze „Naționale", cele mai ieftine și mai proaste. Când a revenit la „Carpați", acestea îi provocau tuse, deoarece se obișnuise cu celelalte.

La prânz, mâncam împreună la cantina cooperației, bonul de masă fiind destul de ieftin. Amândoi aveam o poftă de mâncare teribilă. Deoarece pâinea era la discreție, mâncam cantități impresionante și, unde ne așezam, coșurile de pâine se goleau cu repeziciune (până astăzi mănânc multă pâine). Dacă apucam, ne mai serveam cu încă o farfurie de ciorbă, felul doi fiind mai modest.

În sesiunea de examene m-a invitat la el acasă, să ne pregătim împreună, părinții fiind plecați în concediu. Învățam sistematic, fiecare separat, apoi discutam subiectul învățat și făceam o pauză. În pauză ne delectam cu muzică ușoară (muzica modernă de atunci și jazz), pe care o recepționam la postul de radio Viena și alte posturi occidentale. Aveau o grădina plină cu salată (lăptuci) gustoasă. În fiecare zi culegeam câte un lighean plin și o preparam ardelenește, cu oțet, zahăr și sare. Până la întoarcerea părinților am terminat toată salata din grădină.

ACTIVITĂȚI CULTURALE ȘI SPORTIVE

Profesorul de sport mi-a propus să mă antrenez la cercul de atletism și am participat la câteva concursuri (semifond, săritura în lungime). Nu am obținut performanțe deosebite, dar eram printre primii din școală, iar participarea la antrenamente și concursuri îmi dădea o satisfacție deosebită.

O altă mare satisfacție am avut-o când m-am oferit să țin în clasă o conferință despre cucerirea cosmosului. Eram entuziasmat de lansarea primului cosmonaut de către sovietici, fiind convins că știința și tehnica sovietică e pe cale s-o devanseze pe cea americană. Eram bine documentat (la nivel de ştiinţă popularizată), urmărind de ani de zile problema in revista "Ştiinţă şi Tehnică". Conferinţa a avut un succes atât de mare încât a trebuit s-o ţin în faţa elevilor din toată şcoala (textul fiind, bineînţeles, cenzurat de conducerea şcolii). Am fost invitat apoi să mai ţin o conferinţă despre noutăţile tehnico-ştiinţifice din alt domeniu.

La şcoală erau numeroşi elevi talentaţi: fiul directoarei şcolii, dintr-o clasă paralelă, era poet, pictor şi sculptor amator de un talent deosebit. Nu a fost primit la Arte Plastice deoarece la examenul de admitere a obţinut note mici la materiile ce nu aveau legătură cu arta. Ulterior a decedat la o vârsta relativ tânără, iar majoritatea poeziilor s-au pierdut, fiind confiscate de Securitate.

Unul dintre colegi, absolvent al Şcolii Populare de Artă, a montat un mic spectacol de cabaret cu elevii clasei, în care am avut şi eu un mic rol. Spectacolul a avut un succes enorm, astfel încât s-a organizat un turneu la alte şcoli sanitare din ţară. În continuare s-a montat încă un alt spectacol.

PRIETENA

Prima dată mi-a atras atenţia pe stradă: o tânără scundă, îmbrăcată modest dar cu bun gust, şatenă, cu ochii verzi – albaştri. Ulterior am descoperit că Zoia era muncitoare la filatură şi că locuia într-o cămăruţă mică de pe acelaşi palier cu mine. Am intrat în vorbă cu ea. M-a invitat în cămăruţa ei modestă şi curată. Nu era frumoasă, dar avea o faţă deschisă şi zâmbitoare.

Era singură în Arad, familia ei locuind în altă localitate. Ne-am povestit reciproc şi pe scurt viaţa şi problemele. Mi-am dat seama că îi făcea plăcere să ne petrecem timpul împreună. După câteva întâlniri s-a produs primul sărut. Mi-a declarat că este virgină. Continuam să ne întâlnim petrecând multe ore împreună. A durat o perioadă destul de lungă până când a acceptat relaţii sexuale complete.

Era o fată simplă, deschisă, dreaptă, liniştită şi foarte plăcută. Am petrecut multe ore frumoase împreună. A evitat să facă publică relaţia noastră şi, în afara întâlnirilor din cămăruţa ei, nu ieşeam împreună în oraş.

Era comunistă convinsă, făcuse ceva cursuri de învăţământ politic şi se pare că avea şi o mică funcţie la locul de muncă. Cu toate că era o fată simplă, cu o cultură limitată, ne înţelegeam foarte bine şi am ajuns la concluzia ca am putea întemeia o familie. A refuzat calm şi cu hotărâre propunerea de căsătorie pe care am făcut-o nu fără reţinere, ceea ce nu m-a afectat în mod deosebit. Desigur, nu eram decât un elev la şcoala sanitară, fără resurse financiare minime şi mai aveam şi originea nesănătoasă. Astfel, am continuat relaţia, plăcută pentru amândoi.

ÎNTÂMPLĂRI HAZLII

• Aveam câţiva colegi cu mult simţ al umorului, dar „bufonul" clasei era Florian: deştept, leneş şi hâtru, dormita majoritatea timpului şi se implica în fel de fel de situaţii care stârneau hazul. Spre sfârşitul primului trimestru, după ce absentase la toate cursurile, profesorul de igienă a descoperit că era singurul fără notă în catalog. Ne-a cerut să-l invităm ca să-l asculte şi să-i dea şi lui un calificativ. Într-adevăr, ora următoare s-a prezentat, dar când profesorul a anunţat un extemporal, s-a strecurat afară pe o uşă laterală a clasei.

Profesorul, om blajin, s-a supărat când a aflat cele petrecute, iar noi l-am convins pe Florian să-şi ceară scuze. Nerecunoscându-l pe profesorul de igienă, s-a adresat pe sală profesorului de epidemiologie (care urma să ne predea anul următor) şi i-a cerut scuze. Acesta, om inteligent, hotărât şi activ, fiind şi medicul şef al Secţiei de Epidemiologie la Sanepid, şi-a dat imediat seama că elevul nu-şi cunoaşte profesorul după aproape un trimestru. I-a atras atenţia că dacă şi cu el se va comporta la fel anul viitor, pur şi simplu o să-l amendeze.

În iarna anului următor am fost mobilizaţi la circumscripţii ca să ajutăm campania de vaccinări antipoliomielitice. Spre ghinionul colegului în cauză, îi apăruse un furuncul pe fesă şi în timp ce eram cu toţii pe teren, el şedea la circumscripţie lângă sobă şi citea un roman poliţist.

Profesorul, venit în control în calitate de Medic Epidemiolog Şef, l-a întrebat de ce nu se află pe teren. Florian a răspuns: „Păi să vedeţi, mă doare în fund". La care, fără prea multe discuţii, medicul epidemiolog i-a completat formularul de amendă.

Florian a luat formularul, i-a mulţumit pentru amendă, a scos de la medicul de circumscripţie un certificat medical care atestă prezenţa furunculului şi l-a dat în judecată pe Medicul Epidemiolog Şef, pentru că l-a amendat pe nedrept.

Apoi, o lungă perioadă, preocuparea principală a lui Florian a fost frecventarea tribunalului, unde asista la dezbateri fără nici o legătură cu cazul lui. Cu mintea plină de întâmplări din romanele poliţiste, ne-a spus că iniţial a sperat să participe la procese cu crime, violuri, bandiţi dar dezbaterile s-au dovedit plictisitoare: divorţuri, delapidări, etc.

A fost poftit de câteva ori să părăsească sala de dezbateri: o dată pentru că citea un roman poliţist, a doua oară pentru că mânca şi a treia oară pentru că adormise. Ieşind pe sală, a observat un bărbat care cumpărase nişte sandviciuri de la chioşc şi intenţiona să intre în sala de dezbateri. Florian l-a avertizat binevoitor: „Nene, n-ai voie să mănânci înăuntru!". Era procurorul de şedinţă.

În cele din urmă a câştigat procesul şi conform hotărârii judecătoreşti amenda trebuia achitată de către medicul epidemiolog. Între timp, începusem stagiul la SANEPID, participam la controale în mod independent şi aveam dreptul să dăm amenzi. Secretara epidemiologului şef îl tot cicălea pe Florian să plătească amenda. La un moment dat, i-a prezentat acesteia sentinţa judecătoriei, la care secretara i-a răspuns: „Ştiu, dar vrei să plătească şeful?".

Florian nu i-a răspuns, dar s-a dus la un magazin de pâine unde era gestionară sora secretarei şi a amendat-o (întotdeauna se puteau găsi motive pentru amendă). Gestionara a avut o reacţie isterică, dar colegul i-a spus liniştit să se adreseze şefei secţiei de Igiena Alimentaţiei, care ar putea s-o ierte de amendă.

Doctoriţa respectivă era însă ştiută ca fiind foarte conştiincioasă şi severă, nu ierta pe nimeni de amendă. După ce gestionara s-a plâns în faţa ei, a fost pusă să scrie o cerere, iar „Şefa" care a cercetat cazul, a găsit că motivele amenzii sunt întemeiate şi i-a dublat amenda.

În ultimul trimestru din anul III Florian ne-a părăsit, deoarece urma să facă un curs de statistică medicală la Braşov. La un moment dat am primit un anunţ de la poştă că acesta ne-a expediat un colet de 24 kilograme. Epidemiologul şef, care avea simţul umorului şi îl iertase pe Florian, ne-a spus: „Luaţi microbuzul Sanepidului şi mergeţi la poştă, să vedem ce a trimis idiotul ăla!".

Am plecat la poştă cu microbuzul încărcat cu alţi cinci colegi unde am descoperit că de fapt coletul cântărea 2,4 kilograme, dar pe notificare fusese omisă virgula.

Ajunşi înapoi la SANEPID, am deschis coletul şi am găsit o sticlă sigilată în interiorul căreia era un sul de hârtie de calculator lungă de câţiva metri, scrisă pe ambele feţe cu un scris mărunt de mână. În aceasta Florian ne relata aventurile lui din Braşov şi filmele vizionate, înflorite cu amănunte imaginare hazlii. Zile în şir, după şedinţa de dimineaţă de la SANEPID, înainte de a pleca pe teren, citeam câte un fragment din interminabila scrisoare, în care Florian ne atenţiona din loc in loc că ar fi scris mai mult, dar că a trebuit să se limiteze din lipsa spaţiului.

• Odată s-a iscat un mare scandal, în cele din urmă muşamalizat, deoarece conducerea şcolii a aflat că băieţii au adus o nimfomană în cămin şi „s-au distrat" toată noaptea. După această întâmplare, unii dintre colegi se adresau altora după numărul de ordine din acea noapte, de exemplu: „Măi, al paisprezecelea!"

• Într-o seară am vizionat, împreună cu mai mulţi colegi, o dramă a Teatrului de Stat din Timişoara care era în turneu la Arad. Eroul principal era sâsâit, ceea ce stârnea hazul publicului. În punctul culminant al dramei, a apărut pe scenă din culise o pisică, probabil „opera" unui hâtru. Pisica a străbătut scena în fugă, încercând să iasă prin partea opusă, dar s-a speriat şi a fugit înapoi, însă n-a reuşit să scape nici prin culisele de unde venise.

Publicul râdea în hohote iar vacarmul din sală a speriat pisica şi mai tare, aceasta încercând să iasă când prin culisele din stânga, când prin cele din dreapta. La un moment dat, când aceasta trecea în fugă prin faţa cabinei sufleorului, a apărut o mână care a înhăţat-o şi a tras-o în interior. Am continuat să râd minute în şir, gândindu-mă la ce o face sufleorul cu pisica.

Glumele au continuat şi a doua zi, când cineva povestea despre un coleg, care era considerat mai „limitat": „Să-l fi văzut pe Nicolae, după apariţia pisicii, cum mai căuta în lista de interpreţi!"

REPARTIZAREA

S-au terminat cei trei ani la „Şcoala de Împăraţi", cum a fost botezată de un coleg, şi trebuia să ne primim repartizările la locurile de muncă. Deoarece terminasem al doilea din clasă ca medie generală, aveam dreptul să aleg al doilea din locurile disponibile.

Într-adevăr, am fost invitat al doilea în faţa comisiei de repartizare dar, vrând să aleg un loc la Timişoara, am fost refuzat deoarece „dosarul" meu nu era potrivit pentru locul respectiv. Încă patru sau cinci încercări de a alege un loc mi-au fost refuzate. Atunci am cerut să mi se spună ce aş putea alege. Mi s-au dat două alternative: regiunea Iaşi sau regiunea Constanţa.

Am ales regiunea Iaşi. Ieşind de la comisie, un coleg care urma să aleagă ultimul şi-a exprimat părerea de rău că am ales tocmai Iaşul, deoarece acolo era familia lui. A fost foarte bucuros când m-am oferit să-i cedez locul şi astfel am ajuns să fiu repartizat în Dobrogea.

Între timp, în 1963, mamei i s-a anulat domiciliul obligatoriu, după 11 ani, astfel că am lichidat locuinţa de la Aiud, am vândut mobila şi majoritatea lucrurilor din casă, după care am mutat-o la familia surorii mele, care locuia atunci la Târgu-Mureş. Acolo mama a şi decedat un an şi jumătate mai târziu, la vârsta de **68** de ani.

ASISTENT MEDICAL LA AEROPORTUL KOGĂLNICEANU

La comisia de repartizare din Constanţa alegerea locurilor s-a făcut tot în ordinea mediilor, dar fără a fi luate in considerare dosarele, aşa că am ales unul dintre cele două locuri libere la Aeroportul Internaţional Kogălniceanu, celălalt loc fiind ales de un coleg din Constanţa.

ÎN GAZDĂ

Am cerut ajutorul colegului ca să-mi găsesc o gazdă în oraş. El m-a prezentat părinţilor, o familie de greci foarte simpatici şi binevoitori, care mi-au propus imediat să rămân în gazdă la ei. Uneori mă invitau la masă, iar femeia îmi spăla cămăşile şi ciorapii, deşi nu intra în atribuţiile ei de gazdă.

Către

Direcția Generală a Miliției
Secția evidenței populației
București

Subsemnata văd. Rafael Rozalia, cu domiciliul obligatoriu în orașul Arad Reg. Cluj Str. Muncii No 12, rog să binevoiți a-mi aproba, transferarea domiciliului obligator în Tg-Mureș la fica mea Maronov Maria Str. Lunga No 86, sau la sora mea Spitz Ana din Arad Str. Petöfi No 16.

Motivare

Sunt de 66 de ani, și în ultimul timp starea sănătății mele s-a agravat foarte mult, fapt pentru care am fost internat în spital.

Atât în prezent cât și în viitor am nevoie în continuare de tratament permanent sub control medical și îngrijire continuă fiind tot timpul imobilizat la pat

În speranța aprobării cererii mele

Semnez
Văd Rozalia Rafael

Anexă: 1 Certificat medical
2. Declarații

1963– Cerere mamei autorului de transferare D.O. în apropiere de fiica sau sora sa, fiind imobilizată la pat după agravarea stării de sănătate și internarea în spital.

MINISTERUL AFACERILOR INTERNE
U. M. 0123/E

Nr. 792734

156317

SECRET
S. C. 91

Data 8-VIII-963

CĂTRE
DIRECȚIA GENERALA A MILIȚIEI
— DIRECȚIA EVIDENȚEI POPULAȚIEI —

În conformitate cu ordinul tovarășului Vicepreședinte al Consiliului de Miniștri și Ministru al Afacerilor Interne General Colonel Alexandru Drăghici, se ridică restricțiunile domiciliare numitei RAFAEL ROZALIA născută la 29-I-1897 în Strohoiza-Jugoslavia, fica lui Sigismond si Sarlota, cu D.O. în Aiud str. 6 Marte nr. 22

Veți lua măsuri să comunicați cel... în cauză și să se efectueze pe loc mențiunea în B.I.

D. O.
Colonel de securitate,
M. NEDELCU

1963– **Ordin de ridicare D.O.**, după 11 ani, la vârsta de 66, probabil în urma uneia din grațierile/ amnistierile colective. Mama va mai trăi 18 luni.

1963– Arhivarea dosarului D.O. „cu menţinerea celui în cauză în evidenţa elementelor duşmănoase".

MINISTERUL AFACERILOR INTERNE
SERVICIUL „C"
Secţia I-a, Biroul IV

STRICT SECRET

Data ....

SE APROBĂ
ŞEFUL SECŢIEI
Lt. col de securitate

NOVAC C-TIN

N O T Ă

Verificând materialele aflate în dosarul de domiciliu obligatoriu nr. *92/1445* ce aparţine numitului *RAFAEL ROZALIA* am constatat următoarele :

Conform Decretului nr. 83/2 martie 1949 i s-a fixat D. O, pe termen nelimitat în *Aiud, Str. 6 Martie Nr. 22*

În conformitate cu ordinul conducerii M.A.I. din august 1963, sus-numitului şi familiei sale li s-au ridicat restricţiile domiciliare şi prin adresa nr. *792734* din *8. VIII. 1963* (fila *34*) s-a comunicat la D. G. M. — D. E. P. pentru a lua măsuri.

Întrucît după ridicarea restricţiilor domiciliare dosarul nu mai este necesar în cadrul biroului ;

P R O P U N E M :

— Să fie predat la arhivă pentru păstrare, cu menţinerea celui în cauză în evidenţa elementelor duşmănoase.

ŞEFUL BIROULUI
Lt. col de securitate
TURNEA C-TIN

Verificat,

Erau de părere că activitatea sexuală este un factor important pentru sănătate şi aveau grijă ca băiatul să aibă întotdeauna o parteneră. Au aranjat cu o fată, vânzătoare la Aprozar, care fusese înainte prostituată (prostituţia era interzisă în R.P.R.) şi care acum îşi completa veniturile acordând servicii la domiciliul câtorva clienţi. Desigur, mi-a fost prezentată şi mie oferta.

MUNCA LA AEROPORT

Lucram alternativ câte 24 de ore, având un salariu şi jumătate, deşi era un serviciu foarte comod. Aeroportul deservea în special turiştii străini care vizitau litoralul şi traficul nu era prea intens. Rareori la sosirea unui avion trebuia să acord un mic prim-ajutor unei călătoare cu „rău de aer".

Asistam împreună cu un grănicer şi unul din vameşi la coborârea pasagerilor. Acolo am învăţat primele cuvinte englezeşti: „Good morning", „Good evening". Apoi urcam in avion şi, dacă credeam că e nevoie, dezinfectam cu un spray pe bază de piretru. Din când în când făceam injecţii (prescrise de medic) câte unei funcţionare suferindă de gonoree, cu soţul „vaporean".

În rest, aveam mult timp liber, citeam, jucam table cu vameşii şi grănicerii care se adunau la mine în cabinet şi aduceau câte ceva de mâncat şi de băut (şuncă de Praga, bere, piersici pentru export).

EXAMEN DE ADMITERE LA MEDICINĂ

Spre sfârşitul ultimului an de la şcoala sanitară mă gândeam să încerc să fiu reprimit la Facultatea de Medicină. M-am sfătuit cu directorul şcolii, care mi-a spus categoric că nu am nici o şansă, având în vedere dosarul meu. Totuşi, fără prea mari speranţe, am călătorit într-o zi de la Constanţa la Bucureşti şi m-am interesat personal la Facultatea de Medicină. După ce am prezentat circumstanţele exmatriculării, mi s-a spus că nu pot fi reprimit dar, spre uimirea mea, mi s-a spus că am dreptul să mă prezint la examenul de admitere pentru anul întâi.

Am început să mă pregătesc asiduu pentru examen. O parte din manualele folosite la admiterea din urmă cu şase ani se schimbase; fusese introdusă şi o materie nouă, zoologia. Am găsit înţelegere la Secţia Sanitară din Constanţa, mi-a fost acordat concediu fără plată pe perioada examenelor şi desigur m-a ajutat şi materia învăţată anterior.

Şi de această dată erau peste 10 candidaţi pe loc. Deşi examenele au decurs destul de bine, având în vedere concurenţa mare, nu am fost sigur de reuşită. Când am aflat la afişarea rezultatelor că am fost admis, bucuria a fost cu atât mai mare! Gazdele din Constanţa au fost impresionate, mi-au servit o adevărată masă festivă, îndemnându-şi băiatul să-mi urmeze exemplul.

Ulterior, am aflat că 1962 a fost primul an în care admiterea s-a făcut conform rezultatelor examenelor, fără a ţine cont de „dosare". Într-adevăr, au fost admişi studenţi valoroşi, iar astăzi mulţi dintre foştii mei colegi sunt profesori universitari, conferenţiari, şefi de secţie.

La examenul de admitere l-am întâlnit pe prietenul meu, Vasile, de la şcoala sanitară. Era cunoscut ca elev mediocru, care nu prea învăţa şi, în sinea mea, nu-i dădeam multe şanse de reuşită. Mi-a spus că s-a înscris la Facultatea de Pediatrie, unde erau mai puţini candidaţi. Stând de vorbă însă, m-a uimit nivelul lui de pregătire, cu stăpânirea perfectă a materiei. Când s-au anunţat rezultatele, uimirea mea a fost şi mai mare: intrase primul! În continuare a devenit unul dintre studenţii fruntaşi pe care îl mai tachinam spunându-i: „Măi Vasile, tu nu ai pigment de uzură în creier, ai venit la facultate cu mintea odihnită!".

DIN NOU STUDENT

Venisem la facultate cu 600 de lei, având în faţă şase ani de studiu. După ce mi-am cumpărat halat, manuale şi am plătit căminul pe o lună (50 de lei), nu mi-au mai rămas prea mulţi bani în buzunar. Bursă nu cerusem, temându-mă să nu fiu refuzat dacă aş fi completat rubrica privind fosta situaţie socio-economică a părinţilor.

„LA FERMĂ"

Căminul era în Drumul Taberei, la fostele grajduri regale. I se spunea „La fermă", deoarece eram cazaţi câte 25 de studenţi într-o sală mare. Ca şi alţi studenţi nevoiaşi, am devenit „supist", adică mergeam la cantină la ora închiderii, când personalul ne dădea fără bonuri din mâncarea rămasă. Călătoream cu tramvaiul şi autobuzul fără bilet, un fenomen de masă printre studenţi. Spre norocul meu, pregăteam câţiva elevi de şcoală elementară, aşa că aveam un mic venit.

Desigur, cu însuşirea materiei, pe care o cunoşteam deja în bună parte, nu am avut probleme deosebite.

„COBAI DE EXPERIMENTE"

În sesiunea din iarnă şi în vacanţă m-am angajat împreună cu Vasile ca şi „cobai" în cadrul unui experiment la Institutul de Igienă, Secţia Alimentaţie. Am fost aleşi dintre mai mulţi candidaţi şi am semnat un contract prin care ni se asigurau cazare, hrană şi 20 de lei pe zi. Noi ne obligam să locuim în laborator 32 de zile şi de nopţi şi să urmăm un regim strict: patru zile – alimentaţie săracă în proteine, alternând cu patru zile cu alimentaţie bogată în proteine.

Aveam zile de repaus şi zile de efort în care pedalam patru ore pe zi pe cicloergometru (bicicletă fixată pe un postament, cu roata frânată cu ajutorul curentului electric, care măsura lucrul mecanic depus).

În timpul efortului expiram printr-un tub, aerul fiind colectat într-un sac Douglas pentru analiză. Jumătatea superioară a trunchiului era îmbrăcată într-un sac de plastic transparent pentru a colecta transpiraţia. Uneori ni se făcea câte o injecţie intravenoasă cu vitamina C.

Aveam un WC „personal" unde colectam separat urina şi fecalele pe 24 de ore. Dormeam în două paturi din laborator, iar la examene mergeam însoţiţi de un supraveghetor, ca să nu ne abatem de la regim sau de la colectarea dejecţiilor.

ÎNTÂMPLĂRI HAZLII

• Într-o noapte, intrând în WC, am observat că borcanul meu de urină era aproape plin, pe când al lui Vasile avea o cantitate mult mai mică. A reieşit că, buimac de somn, urinase în borcanul meu. Desigur, am transferat o parte din urină în borcanul lui şi nimeni n-a aflat.

• În zilele „bogate" în proteine eram serviţi la pat, dis de dimineaţă, cu friptură adusă de o duduie drăguţă. Desigur, aveam voie să ne atingem numai de friptură. În zilele „sărace", primeam la dejun o bucată mare de unt cu o feliuţă de pâine, ceea ce ni se părea cam greţos.

Un întreg laborator se ocupa de noi. Conferenţiara conducea direct exerciţiul pe cicloergometru, ne controla pulsul, tensiunea, ajuta la recoltarea transpiraţiei. Unii ne calculau şi ne pregăteau hrana, alţii analizau gazele expirate, urina, fecalele, transpiraţia.

Încercam să colaborăm cât mai bine cu cercetătorii şi executam tot ceea ce ne solicitau. Aveam impresia că am fost preferaţi la primire fiindcă eram mai simpatici. Ulterior am aflat că de fapt motivul fusese că ambii aveam cam aceeaşi înălţime şi astfel nu trebuia ajustată înălţimea şeii cicloergometrului pentru fiecare în parte.

• Vasile avea un magnetofon cehoslovac (aparat scump pe vremea aceea), aşa că pedalam în acordurile muzicii moderne de atunci, spre nenorocul conferenţiarei care nu numai că nu savura muzica modernă, ci dimpotrivă. Era o femeie între două vârste, foarte corectă, conştiincioasă, tipicară şi suspicioasă, care totuşi suporta muzica în mod stoic, numai ca să reuşească experimentul.

Vasile a scris acasă în Ardeal că s-a angajat împreună cu mine şi că trebuie să pedalăm pe bicicletă patru ore pe zi. Într-o zi a apărut cineva care a transmis din partea părinţilor lui Vasile un jerseu, indispensabili groşi, un salam şi un litru de pălincă. Neavând voie să mâncăm, am atârnat salamul la frig pe partea exterioară a geamului, iar palinca am păstrat-o pentru serbarea de încheiere a experimentului.

A doua zi, văzând salamul, conferenţiara a fost foarte afectată şi suspicioasă că am fi primit şi alte alimente pe care le-am fi consumat. În continuare, în fiecare dimineaţă când intra, se uita întâi la salam şi, după ce vedea că e întreg, ne spunea: „Bună dimineaţa!”

Într-o zi am auzit un mic zgomot la geam şi, privind într-acolo, am constatat că salamul dispăruse. Se rupsese sfoara şi salamul căzuse de la etaj în curtea interioară a institutului. Vasile s-a repezit ca fulgerul să-l recupereze, în timp ce eu mă uitam pe geam, ca să văd cine ajunge primul la salam: Vasile sau câinii găzduiţi în apropiere, în curtea de la Fiziologie. Ca să prevenim orice suspiciuni, a doua zi am prezentat conferenţiarei salamul, care se zdrobise la un capăt.

• Vasile era talentat la desen şi urmase şi ceva cursuri, iar în timpul „captivităţii” noastre a creat câteva desene cu creioane colorate, în stil modernist, care au stârnit interesul personalului. Semnificaţiile tablourilor erau destul de clare, dar totuşi nu înţelegeam ce a vrut „să spună" cu o linie frântă roşie care străbătea în diagonală unul dintre tablouri. Întrebându-l, mi-a răspuns: „Nu ştiu nici eu, dar simt că trebuie să fie acolo!".

După ce am terminat cu succes experimentul, am cinstit personalul cu câte un păhărel de pălincă şi felii de salam şi am părăsit voioşi laboratorul: aveam în buzunar câte 640 lei! Am căutat mult până ce mi-am cumpărat din banii primiţi un costum ieftin de pe Lipscani, pentru că vechiul sacoul era deja tocit la coate.

CALORII IEFTINE

În anul nostru învăţau şi studenţi străini care au fost mutaţi în semestrul doi în căminul nou construit pe cheiul Dâmboviţei, lângă stăvilarul Ciurel. Studenţii străini erau obligaţi să-şi aleagă câte un coleg de cameră român, ca să exerseze limba. Fiind ales de un student est-german, m-am mutat în noul cămin, care oferea condiţii foarte bune, fiind cazaţi câte doi în cameră.

Singura problemă era că la cantina de acolo nu erau acceptaţi „supişti". Astfel am continuat să fiu „supist" la vechea cantină unde ajungeam cu tramvaiul, desigur, fără bilet. Mă descurcam cu banii, dar pierdeam mult timp cu mesele.

În sesiunea de vară, vrând să mă pregătesc temeinic pentru examene, am renunţat la „expediţiile" zilnice în Drumul Taberei şi m-am hotărât să mănânc acasă. Studiind valoarea calorică a alimentelor, am descoperit că cele mai eficiente alimente, respectiv cele care asigurau cele mai multe calorii la leu, sunt pâinea şi untdelemnul.

Timp de trei săptămâni am consumat aceste două produse cu mare poftă, fără să slăbesc. Reţete (sare după gust):
1. Pâine muiată în untdelemn
2. Pâine cu ceapă mărunţită şi untdelemn
3. Pâine cu ceapă prăjită în untdelemn
4. Pâine muiată în apă şi prăjită în untdelemn
5. Pâine cu dude (direct din pom)

ASISTENT MEDICAL LA BĂLA

După absolvirea primului an, în a doua jumătate a lunii iunie am fost duşi la „muncă voluntară" la o fermă de stat unde tocmai începuse seceratul păioaselor. Fiind obişnuit cu munca, nu a fost greu să mă evidenţiez şi, drept recompensă, am primit un bilet de odihnă de 12 zile la munte.

Pentru următoarele trei luni (cu excepţia perioadei de odihnă), am găsit de lucru ca asistent medical în satul Băla, la vreo 30 km. de oraşul Reghin. Am ajuns acolo cu un autobuz care m-a lăsat pe un drum de ţară, de unde trebuia să merg pe jos câţiva kilometri până în sat.

Cu mine au coborât încă doi cetăţeni care m-au întrebat cine sunt şi ce caut la Băla. Când le-am spus că sunt asistent medical, unul mi-a zis: „Aha, sunteţi doctor!" şi s-au prezentat: unul era miliţian (în haine civile), iar celălalt perceptor.

După ce am mers un kilometru, unul a propus: „Hai să intrăm la Ion", indicând o casă singuratică. Ne-am aşezat la masă şi unul din însoţitori a dat comanda: „Adă, măi Ioane, un kil' de vin!". Era un vin slab dar foarte gustos, obţinut dintr-un soi ordinar de struguri: producător direct. La a treia sticlă, deja ştiam că doctoriţa din sat a plecat şi că rareori vine la consultaţii o doctoriţă din altă comună. Am aflat toate bârfele, inclusiv aventurile amoroase ale unor sătence de vază.

Am fost găzduit la moaşă, femeie văduvă cu fată mare, care locuia lângă casa de naşteri. M-a primit foarte frumos şi a doua zi mi-am început activitatea. Deşi nu eram medic şi le-am atras atenţia de câteva ori, din „domnul doctor" nu mă scoteau.

Într-una din primele zile a apărut un tractorist care mergea încovoiat din cauza durerii de spate, ce-l „pocnise" dintr-o dată. După ce l-am examinat, am efectuat o infiltraţie cu lidocaină a musculaturii paravertebrale dureroase. A doua zi a revenit foarte bucuros, căci durerea aproape îi dispăruse şi m-a rugat să-i mai fac o infiltraţie. În zilele următoare am fost inundat de o mulţime de suferinzi de dureri de spate dar desigur că nu i-am putut ajuta pe toţi. Erau oameni simpli, blajini, cu mult bun simţ.

Am petrecut o vară foarte plăcută, având relaţii interumane de ajutor şi respect reciproc; cu aer curat, linişte şi alimentaţie proaspătă şi bogată.

De asemenea, am avut şi o activitate bogată: vaccinări; o conferinţă despre bolile de piele ţinută la Casa de Cultură; consultaţii; o mai ajutam şi pe gazdă prin grădină. Singurul lucru care mă deranja erau purecii care mişunau noaptea în pat, dar pe care am învăţat în curând să-i vânez în mod eficient, luminându-i cu o lanternă de buzunar sub pătură.

Într-o noapte bate la geam un bărbat: „Domn' doctor, veniţi repede că nu poate să fete scroafa!". I-am explicat că nu sunt veterinar şi că nu mă pricep la animale, dar omul a insistat că-i moare scroafa şi, în afară de mine, n-are cui să ceară ajutor. Cu oarecare reţinere, am plecat la casa omului şi i-am injectat scroafei două fiole de extract de retrohipofiză (Glanduitrin), care se administra femeilor la naştere dacă uterul nu se contracta suficient, după care am plecat acasă. După şase săptămâni, omul a reapărut, aducându-mi cadou un purceluş.

În altă noapte am fost trezit de o femeie: „Domnule doctor, veniţi repede că omul meu are încurcătură de maţe!". Pe drum am aflat că a mai suferit de ileus recurent, fiind operat de două ori, iar acum au reapărut simptomele cu dureri mari de burtă şi oprirea tranzitului intestinal. Examinarea a confirmat diagnosticul şi am hotărât să-l trimit de urgenţă la Reghin, cu Salvarea. Pentru încurajarea omului şi susţinerea moralului, i-am administrat o injecţie subcutanată cu cafeină, care nu avea nici o indicaţie, dar nici contraindicaţie.

Am plecat cu soţia lui cale de câţiva kilometri până la Consiliul Popular, unde se afla singurul telefon din sat. De la Staţia de Salvare Reghin mi s-a comunicat că ambulanţa va veni, dar numai dimineaţa. Ne-am întors şi m-a luat din nou somnul dar pe la 6 dimineaţa am fost trezit din nou de ciocăniturile în geam ale femeii. M-am cam speriat că omul a păţit ceva, dar femeia mi-a spus: „Domnule doctor, să nu mai vină Salvarea! I-a trecut. Bună a mai fost injecţia care i-aţi făcut-o! E adevărat că a avut efect cam târziu, dar l-a scăpat de operaţie".

Din explicaţiile pe care mi le-a dat, am înţeles că atunci când a coborât din pat să se îmbrace, pregătindu-se pentru venirea Salvării, tranzitul s-a declanşat brusc şi omul s-a uşurat. Probabil a fost vorba de răsucirea intestinului (volvulus), care s-a rezolvat în timpul mişcărilor de coborâre din pat.

Mijlocul de transmitere a informaţiilor locale era duba (toba). Când „bătea duba", cetăţenii se adunau în jurul toboşarului, care anunţa: „Tăt omu să ştie! Cine vrea să cumpere porodici (roşii), să vină la sediu!".

Sătenii puteau să cumpere medicamente de la punctul sanitar gestionat de moaşă, care se aproviziona cu medicamentele ce aveau căutare. Într-o zi au apărut la punctul sanitar doi copii. Cel mic, de vreo şase ani, vizibil emoţionat, a început să zică: „M-a trimis mama după... M-a trimis mama după..."; „După Picilină, măi prostule!", a completat cu superioritate cel mai mare, de vreo zece ani.

M-am mirat că se vând antibiotice fără reţetă medicală. Moaşa mi-a explicat că sătenii tratează cu penicilină, în mod empiric, animalele bolnave.

Încă erau multe cazuri de sifilis vechi, care erau tratate conform schemelor de tratament oficiale. În sat trăia o văduvă vârstnică ce primise deja vreo 6-7 serii de injecţii cu penicilină şi bismut. Femeia se ruga de noi în fel şi chip s-o iertăm de ultimele două serii: „Sunt bătrână, nu mai mă culc cu nimeni, mă simt bine, dar nu mai suport injecţiile. Dacă mă iertaţi vă dau cadou un curcan frumos". După ce am chibzuit împreună cu moaşa, „am iertat-o", femeia a semnat de efectuarea injecţiilor, iar noi am primit curcanul şi am rămas cu penicilina.

Odată moaşa a fost internată timp de o săptămână la spitalul din Reghin, cu suspiciune de hemoragie digestivă, în acest timp eu rămânând singur acasă cu fiica ei. Când s-a întors, moaşa era „înnebunită" ca nu cumva să fi profitat de fată. Deşi fuseserăm cuminţi, ne-am coalizat dând răspunsuri în doi peri şi chiar lăudându-ne, ca să o ţinem pe mamă în dubiu: „Am făcut-o? Da, am făcut-o!"; „Ne-a căzut bine? Ne-a căzut bine!".

Când am plecat, moaşa a refuzat să primească bani pentru găzduire, aşa că m-am întors la Bucureşti cu salariul pe trei luni, plus „ciubucurile" pe care le primisem. De sărbătorile de iarnă mi-a trimis un pachet cu nuci şi prune uscate.

Situaţia începea să se schimbe în bine. Pentru obţinerea bursei, în formular nu mai figura întrebarea privind situaţia socio-economică din trecut, aşa că din anul doi am primit bursă. Viaţa mi se părea mult mai uşoară. Aveam asigurată casa şi masa, şi chiar am depus o mică sumă la CEC, din banii pe care-i câştigam muncind.

ASISTENT IGIENIST LA SANEPID

În următoarele vacanţe de vară am fost angajat ca asistent medical igienist la Sanepidul din Arad, înlocuindu-i pe cei plecaţi în concediu. Desigur, am reluat legătura cu Zoia.

Locuiam la mătuşa mea şi lucram la secţia de igienă comunală. Dimineaţa, la ora 7:00, începea activitatea cu o mică şedinţă de lucru comună tuturor secţiilor, în care se discutau problemele apărute cu o zi înainte şi planul de activitate pentru ziua curentă. De asemenea primeam un plan pe o perioadă destul de lungă, defalcat pe zile, cu obiectivele care trebuiau controlate. După şedinţă, toţi asistenţii igienişti, „înarmaţi" cu serviete încăpătoare, se împrăştiau „pe teren".

Eu controlam hoteluri, frizerii, cinematografe, baia de aburi, etc. În multe locuri eram „cinstit" cu câte ceva sau mi se făceau favoruri. La cinematograf, după întocmirea procesului verbal, vizionam matineul; la baia de aburi, mă îmbăiam etc.

De obicei realizam planul cu mult înaintea prânzului pe care îl serveam printre primii, la cantina cooperaţiei. După masă „dădeam o fugă" până acasă, mă întindeam pe canapea, citeam beletristică şi ascultam muzică. La ora 14.30 ne întâlneam cu toţii la Sanepid pentru şedinţa de încheiere a zilei de muncă. Toţi asistenţii igienişti, unii cu servietele umflate (mai ales cei de la igiena alimentaţiei), se plângeau ce mult au muncit şi „ce greu a fost pe căldura asta".

ASOCIAŢIA „ŢÂŢA VACII"

La facultate şi în cămin activităţile decurgeau lin, fără probleme speciale. Deoarece micul dejun era destul de modest şi pierdeam multă vreme cu mersul la cantină, împreună cu un coleg am întemeiat „Asociaţia Băutorilor de Lapte Ţâţa Vacii".

Statutul, scris de colegul meu, absolvent al Facultăţii de Drept, prevedea că fiecare membru are dreptul să fie servit dimineaţa la pat cu o jumătate de litru de lapte şi un sfert de pâine intermediară, ambele proaspete. Numărul membrilor era limitat la 14 (deoarece nu încăpeau mai mult de 7 sticle de lapte în sacoşă).

Acțiunea a avut mare succes! „Lăptarul" de serviciu, pleca dis-de-dimineață cu sticlele goale și se întorcea cu ele pline și cu 14 sferturi de pâine intermediară proaspătă. Vânzătoarea de la pâine ne cunoștea și, de cum ne vedea, începea să taie pâinea în sferturi. Pe vremea aceea se găseau lapte și pâine din abundență fără cozi.

„Lăptarul" trebuia să servească toți membrii până la ora 7:00. Ușile camerelor unde locuiau membrii aveau aplicată emblema asociației: un cap de vacă. Dacă în cameră locuiau doi membri, se aplicau două embleme. Lăptarul trebuia să intre, descuind ușa cu cheia „descuietoare universală" (șperaclu), să toarne laptele în vasul deja pregătit și să-l lase pe noptieră împreună cu pâinea.

Acțiunea trebuia să decurgă într-o liniște perfectă. Dacă făcea zgomot și îl deranja pe cel servit, acesta avea voie să-l înjure de „laptele mă-sii!". Dimpotrivă, dacă „lăptarul" nu găsea un vas sau o sticlă goală unde să servească laptele, avea dreptul să-l toarne în chiuvetă. În continuare, trebuia să spele sticlele și să le lase împreună cu sacoșele la lăptarul de serviciu din ziua următoare.

Fiecăruia ne venea rândul de „lăptar de serviciu", o dată la două săptămâni. În schimb, în celelalte dimineți era o plăcere când te trezeai, întindeai mâna și găseai pe noptieră lapte proaspăt și pâine caldă.

De remarcat că asociația, având statut bătut la mașină, ștampilă, secretar și casier, a fost luată foarte în serios de toți membrii. Un student din Sudan care a fost primit ca membru, a cerut după un timp să fie eliberat, căci atunci când era de serviciu nu putea dormi toată noaptea, de frică să nu se trezească târziu.

Timp de aproape doi ani cât a funcționat asociația, nu s-a înregistrat nici o abatere. Deoarece vestea asociației se răspândise și la alte facultăți, îmi închipui că Securitatea a verificat intențiile ei. Ani după aceea, mulți colegi regretau zilele frumoase când fuseseră membri la "Țâța Vacii".

O NOUĂ DRAGOSTE

Legătura cu Zoia slăbise, deși m-a mai vizitat de vreo două ori la București. În anul trei de facultate, printre colegele de an am remarcat o fată înaltă, serioasă, mai retrasă, care nu făcea parte din grupa de fete mai „zvăpăiate". Deși avea trăsături frumoase și plăcute, nu am observat să fie curtată de băieţi.

Întrând în vorbă cu ea, am văzut că şi ei îi făcea plăcere să discutăm. Am invitat-o la plimbare, spectacole şi încet, încet, iar s-a aprins acea flacără lăuntrică ce leagă un bărbat de o femeie. În afară de atracţia fizică, era vorba de calităţile intelectuale, morale şi de acea rezonanţă sufletească ce uneşte un cuplu.

Am devenit prieteni şi viaţa a devenit mai bogată şi mai frumoasă. I-am vizitat părinţii, învăţători într-un sat de lângă Piteşti, oameni simpatici, harnici şi plăcuţi, gospodari cu grădină, vie şi animale de curte.

Într-o zi, a căzut „bomba": Zoia mi-a scris că în urma ultimei vizite pe care mi-o făcuse, este însărcinată în fază avansată. Cu ajutorul unui coleg din anul patru am luat legătura cu un ginecolog şi am aranjat întreruperea sarcinii.

Desigur, am mers cu „cărţile pe faţă", explicându-le situaţia nou apărută ambelor fete, care apoi s-au întâlnit. Deşi a durut-o foarte mult, Zoia a dat dovadă de multă înţelegere şi astfel ne-am despărţit în termeni buni.

Viaţa de familie, internatul şi specializarea

În anul cinci ne-am hotărât să ne căsătorim. Viitorul socru m-a întrebat cu ce o să-mi ţin soţia. I-am răspuns că, atâta timp cât suntem studenţi, îl rog să continue să-i trimită soţiei aceeaşi sumă de bani pe care i-o trimitea până atunci. A fost de acord şi înţelegerea s-a respectat întocmai.

În vara anului 1967 ne-am căsătorit şi am primit la cămin o cameră pentru două persoane. Peste un an ni s-a născut primul băiat, de care eram foarte mândru; postura de proaspăt tată îmi dădea un sentiment înălţător.

În august a avut loc examenul pentru internat în urma căruia, în caz de reuşită, am fi putut să mai rămânem doi ani în Bucureşti, în loc să fim repartizaţi la ţară. Fiind imediat după naştere şi neavând timp de pregătire, soţia s-a prezentat la examen mai mult îmboldită de mine. Spre surprinderea noastră, am reuşit amândoi. Eram mândri şi fericiţi.

În cadrul internatului trebuia să efectuăm stagii de câte şase luni în diferite spitale, în cadrul cărora primeam cazare, hrană şi un salariu de

600 de lei. Primul stagiu l-am făcut la Spitalul Colentina, unde locuiam la secția de Neurologie, la ultimul etaj, într-o cămăruță atât de mică încât nu încăpea decât un singur pat de spital, în care dormeam amândoi și pătuțul copilului.

Dimineața, după ce soția termina cu hrănitul și schimbarea scutecelor sugarului, plecam amândoi la serviciu, iar copilul rămânea singur în pătuț. La ora 10, eu aveam „pauza de alăptare", când scoteam biberonul din geamul dublu, așa zisul „frigider", hrăneam copilul, îi schimbam scutecele și mă întorceam la serviciu. La ora 12 sosea soția, care avea program redus și continua îngrijirea copilului.

Într-o zi a bătut la ușă o doamnă în vârstă care ne-a spus că lucrează ca voluntar la arhiva Neurologiei și că a auzit plânsete de copil din camera noastră. Explicându-i situația, s-a oferit imediat să mai intre la copil în decursul dimineții, în timp ce lucra la arhivă. Bucuroși, i-am făcut rost de o cheie și de atunci s-a ocupat diminețile de copil, devenind tot mai atașată de el.

La vârsta de șapte luni, bunicii au preluat îngrijirea copilului, la sat. Îi vizitam aproape în fiecare sfârșit de săptămână, ne bucuram că îi merge bine și ne întorceam încărcați cu produse de la țară.

Încet, încet ne desăvârșeam practica spitalicească. Făceam gărzi, participam la operații și trebuia să studiem materiile de specialitate ale secțiilor în care lucram. Răspundeam de un număr de pacienți și am început să gustăm din frumusețile meseriei: menirea medicului de a vindeca, de a ușura suferința și de a consola, acea legătură tainică din timpul convorbirii cu pacientul care ne expune toate secretele medicale, cu ochii plini de speranță în „arta" noastră de a vindeca, zbaterea pentru a dezlega complicatele „ecuații" ale diagnosticului și tratamentului, satisfacția rezolvării problemei și a reușitei tratamentului, privirea plină de recunoștință a celui căruia am reușit să-i ameliorăm suferința.[*]

Viața a început să fie mai plină, mai bogată și mai ușoară. Situația noastră

---

[*] *Am descris mai pe larg amintirile din domeniul medicinii în „**Șapte decenii de medicină**"; vezi ultima pagină a cărții.*

materială era în curs de îmbunătăţire. Pentru prima oară în viaţă, am cumpărat un aparat de radio. La sfârşitul perioadei de internat, ni s-a mărit salariul la 1800 lei şi eram foarte mulţumiţi. Nu prea aveam timp de distracţii, fiind ocupaţi cu meseria şi familia, dar viaţa avea conţinut, progresam şi eram fericiţi. Socrii ne-au dăruit un autoturism Dacia 1100, având de acum mai multă mobilitate.

După terminarea internatului am continuat încă trei ani specializarea la diferite spitale din Bucureşti: soţia, ginecologie-obstetrică, iar eu, medicină internă. În acest timp am locuit la mai multe gazde; în total, în decursul a şase ani de căsnicie, am schimbat 11 adrese!

În 1972 am avut parte de o altă mare bucurie: ni s-a născut al doilea băiat. Mai ales soţia era foarte mândră că avem doi băieţi. Până la vârsta de un an şi jumătate l-am îngrijit noi, ajutaţi de o mătuşă a soţiei care locuia în apropiere. Apoi a trecut şi el în grija bunicilor, la ţară.

Spre sfârşitul specializării m-am prezentat la un concurs de asistent stagiar la una din clinicile bucureştene unde lucrasem majoritatea timpului în cursul specializării. Nu aveam speranţe mari de reuşită deoarece erau opt candidaţi, toţi foarte bine pregătiţi, iar eu nu eram membru de partid, nu aveam buletin de Bucureşti şi nu aveam „relaţii". Spre marea mea uimire, am reuşit! Simţeam că am atins culmea statutului social şi profesional la care puteam să visez în situaţia mea.

Din păcate, soţia a trebuit să plece la Panciu, unde avea post, luând mai târziu şi copiii cu ea. Am primit buletin de Bucureşti şi ne-a fost repartizat un apartament de trei camere confort 2, în cartierul Pantelimon, la marginea capitalei.

ASPECTE ECONOMICO-SOCIALE NEGATIVE ŞI SCHIMBAREA ORIENTĂRII MELE POLITICE

Nefiind membru de partid, eram mai puţin implicat în activităţile politice. Deşi observam multe aspecte economice negative, nedreptăţi, persecuţii, impunerea ideologiei şi deformarea istoriei şi a culturii, faptul că industria continua să se dezvolte într-un ritm alert, că mi se asigura dreptul să învăţ şi puteam să-mi câştig existenţa muncind, toate acestea mă făceau să sper că, totuşi, economia va birui greutăţile şi că viitorul va fi mai bun. Am început apoi să simţim politica de „liberalizare" a lui

Gheorghiu-Dej, care ne-a dat noi speranțe.

Examenul de admitere fără „dosare" la facultate, ștergerea din cererea de bursă a rubricii cu situația socio-economică din trecut a părinților, plecarea trupelor de ocupație sovietică, afirmarea „căii independente de construire a comunismului", opoziția la propunerile lui Hrușciov în C.A.E.R., deschiderea mai mare spre occident etc. au fost măsuri primite cu satisfacție nu numai de mine dar, după părerea mea, de o mare parte a populației.

- **Banc:**
  În timpul vizitei lui Hrușciov în România, după ce vizitaseră o fermă zootehnică, la „un pahar", Gheorghe-Dej pariază că un taur de rasă din fermă este mai puternic decât un tanc sovietic. La înfruntare, Gheorghe-Dej spune ceva la urechea taurului, la care acesta se repede furios asupra tancului și-l răstoarnă.
  — Formidabil, zice Hrușciov, dar ce i-ai spus la ureche?
  — Că voi i-ați luat vacile în '45.

IMPUNEREA IDEOLOGIEI COMUNISTE

Priveam cu dispreț și ironie obligativitatea învățării ideologiei, participarea obligatorie la „muncă voluntară" și la demonstrațiile regizate, amestecul regimului în literatură și artă, cenzura mijloacelor de informare etc, dar le acceptam formal, ca și majoritatea populației.

- **Banc** - slogane comuniste:
  „Capitalismul se află pe marginea prăpastiei în care o să cadă!"
  „Luptăm să ajungem din urmă și să depășim țările capitaliste avansate"!

De-a lungul anilor și a deceniilor, multe din aspectele negative ale regimului s-au intensificat. Fenomenele ce subminau economia și alterau relațiile dintre oameni mă dureau și mă revoltau. Prezint mai jos o serie de cazuri publicate în presa vremii sau auzite de la persoane direct implicate.

PROMOVAREA DUPĂ CRITERII POLITICE

A avut loc mai ales la începutul perioadei, după „lichidarea" vechii intelectualităţi. Cum îmi spunea unul din foştii mei profesori: „Promovarea prostiei!". Se referea la unul dintre cei mai slabi elevi ai săi care, după ce devenise activist de partid, fusese numit nu numai profesor, ci chiar director de şcoală.

În toate domeniile de activitate, inclusiv la guvernarea ţării, promovările se făceau pe criterii politice. Desigur, erau şi oameni de valoare în noua generaţie, dar de multe ori erau neutralizaţi de cei mai puţin pregătiţi, dar cu „spate" politic.

Conducătorii întreprinderilor, mulţi fără cunoştinţe elementare de economie şi constrânşi de „planificarea" impusă de la Bucureşti, au

săvârşit mari greşeli:

■ PRODUCŢIE DE MARFĂ NECERUTĂ PE PIAŢĂ

S-a publicat situaţia unei întreprinderi care fabrica tocuri pentru uşi şi ferestre, dar cererea era mai mică decât oferta.
„Rezolvarea" problemei: Cererea de fonduri suplimentare pentru a construi încă două magazii pentru depozitarea mărfii nevândute!

■ INVESTIŢIE GRANDIOASĂ FĂRĂ STUDIU PRELIMINAR APROFUNDAT

Un exemplu strigător la cer a fost complexul de prelucrare a stufului, construit în colaborare cu câteva ţări membre C.A.E.R. S-a pornit de la ideea că stuful, care creşte anual în deltă pe suprafeţe enorme, poate fi folosit la fabricarea celulozei ieftine, economisind lemn preţios.

Greşeala a fost că proiectanţii s-au concentrat asupra problemelor tehnice, dar nu a fost studiată biologia stufului. Când enormul complex a fost terminat, s-a constatat cu uimire că recoltarea stufului în cantităţile cerute era o problemă dificilă. După ce s-au împotmolit în deltă tractoare şi alte utilaje, iar recoltarea cu bărcile s-a dovedit ineficientă, s-a inventat o combină care reteza tulpinile sub apă. La început rezultatele păreau promiţătoare, dar s-a constatat apoi că în zonele recoltate cu combina, în anul următor nu a mai crescut stuf.

Practic, cantitatea de stuf recoltată nu a depăşit niciodată 25% din capacitatea complexului, care lucra astfel în pierdere.

■ CERERE NEJUSTIFICATĂ DE FONDURI DIN CAUZA NERESPECTĂRII TERMENELOR PLANIFICATE

O fermă de stat a cumpărat în valută o clocitoare scumpă, din Germania Federală. După ce a fost întârziată cu doi ani punerea în funcţiune, au fost cerute fonduri suplimentare ca să mai cumpere încă o clocitoare — înainte ca prima să fie pusă în funcţiune! – pentru ca să-şi poată îndeplini planul de livrare a puilor!

■ MARFĂ DE CALITATE ÎNDOIELNICĂ EXPORTATĂ ÎN PIERDERE, LA PREŢURI DE NIMIC

O fabrică exporta sticlă plană, la un preţ foarte mic. Când au încetat să mai ambaleze sticla între scânduri de brad, trecând la un ambalaj mai ieftin, comenzile au fost suspendate!

Bancuri:

- La o şedinţă C.A.E.R., reprezentatul sovietic intră primul în sală şi pune câte o pioneză pe scaunele delegaţilor.
  Delegatul est german vede pioneza, se aşează pe ea şi zâmbeşte.
  Delegatul ungur vede pioneza, o îndepărtează cu repeziciune, se aşează şi zâmbeşte.
  Delegatul român, vede pioneza, o schimbă cu o pioneză românească, se aşează pe ea şi zâmbeşte.
- Cele trei minuni ale lumii moderne:
  - Nemţii fac comerţ
  - Evreii fac război
  - Românii fac planificarea ştiinţifică a producţiei

ECONOMIA MONOPOLISTĂ DE STAT, FRÂNĂ A PROGRESULUI

Când am ajuns pentru prima dată în occident am rămas uimit cu câtă uşurinţă se umfla pneul bicicletei. Am constatat că ventilul avea o mică biluţă, pe când în România avea un mic tub de cauciuc ce opunea o rezistenţă mult mai mare pompei. M-am întrebat de ce nu se poate fabrica şi în România un asemenea ventil?

Gândindu-mă, am ajuns la următoarele concluzii: să presupunem că un „inovator" vine cu propunerea să se treacă la fabricarea ventilului cu biluță. S-ar putea ca dosarul cu inovaţia să fie acceptat, să se permită chiar confecţionarea câtorva modele, inventatorul lăudat sau chiar premiat, dar inovaţia nu va fi introdusă niciodată în producţia de masă.

Motivele: transformarea liniei de producţie necesită bătaie de cap şi investiţie. De asemenea, fiind marfă destinată consumului intern şi fabrica deţinând monopolul fabricării nu are concurenţă, deci nu are niciun interes să aducă îmbunătăţiri calităţii produsului.

PRODUCTIVITATEA SCĂZUTĂ A MUNCII

În multe sectoare unde nu se lucra în acord, chiulul nu numai că nu era considerat ruşinos, ba era chiar ceva lăudabil: „Ei se fac că ne plătesc, noi ne facem că muncim.".

MUNCA „PATRIOTICĂ"

La ţară au rămas din ce în ce mai mulţi bătrâni şi femei, iar mulţi membri ai gospodăriilor colective lucrau formal, ca să-şi păstreze loturile individuale.

În sezonul campaniilor agricole se simţea o lipsă acută de forţă de muncă. Lipsa era acoperită cu soldaţi, studenţi, elevi, care nu erau interesaţi sau nu erau în stare să facă muncă de calitate, ceea ce ducea la pierderi.

- **Banc:**
  Cercetătorii agricoli români au selecţionat un soi de porumb cu tuleiul înalt de numai un metru, dar cu ştiuletele la fel de mare ca la porumbul obişnuit.
  Care e motivaţia?
  Să-l poată culege şi copiii de la grădiniţă.

CORUPŢIA, ŞPAGA ŞI HOŢIA

Aceste racile luaseră amploare şi s-au extins în toate domeniile. Tehnicianul dentar de la Policlinica pentru studenţi nu a vrut să-mi facă o mică lucrare fără să-i dau ciubuc. Neavând bani, am renunțat.

Exista o adevărată economie subterană, plata nelegală pentru servicii fiind larg acceptată de populație. Trebuie să recunosc că și eu am primit plată nelegală pentru serviciile pe care le acordam, dar nu condiționam prestarea serviciului de bani. Niciodată nu acceptam banii înainte, iar la urmă lăsam la latitudinea omului dacă și cât să dea.

După moartea regretată de mulți a lui Gheorghiu-Dej în 1965, se părea că Ceaușescu îi va continua politica dar, după câțiva ani, centralizarea conducerii economice s-a accentuat, a început cultul personalității și aspectele negative ale regimului s-au accentuat.

După o perioadă de dubiu, am ajuns la concluzia că sistemul existent este ineficient, nedrept, tiranic și am devenit un anticomunist convins, cu toate că personal o duceam bine.

Nu am întreprins nimic activ împotriva regimului, dar discutam cu soția, care fusese de la început împotriva regimului, mă destăinuiam unor prieteni, transmiteam bancuri politice.

Eram convins că blocul sovietic va continua să dăinuiască, aveam familie și situație socială bună, eram în ascensiune, câștigam bine, așa că ne-am resemnat să îndurăm neplăcerile regimului.

- **Omul cu trei fețe** (concluzie tristă vehiculată în acele timpuri)

  Sub regimul comunist omul are trei fețe:
  Una, la ședințele politice de la locul de muncă;
  A doua, acasă, cu copiii – nu putea fi criticat orice;
  A treia, pentru sine – poate și pentru prietenii apropiați.

DATE ISTORICE (ANII '50-'70)

EVENIMENTE ISTORICE ȘI POLITICE

Din punct de vedere istoric și politic, această perioadă are trei etape:
1. Dominația sovietică
2. „Liberalizarea" lui Gheorghiu-Dej
3. Prima parte a guvernării lui Ceaușescu

DOMINAȚIA SOVIETICĂ

Se caracterizează prin continuarea ocupației militare sovietice și a plății despăgubirilor de război, predarea obligatorie a limbii ruse în școli, preaslăvirea științei, tehnicii și culturii sovietice și ruse, continuarea persecuțiilor politice conform teoriei staliniste de „ascuțire continuă a luptei de clasă", industrializarea forțată cu preponderență a industriei grele.

În această perioadă se proclamă primul plan cincinal (1951 – '55), este început proiectul Canalului Dunăre – Marea Neagră, este continuată colectivizarea agriculturii – la început forțată, apoi mai lentă. Colectivizarea va fi decretată ca încheiată abia în 1962.

În 1952 sunt excluși din guvern Ana Pauker, Vasile Luca și Teohari Georgescu, care aparțineau „aripii moscovite". Este promulgată o nouă constituție de tip sovietic, iar Gheorghe Gheorghiu-Dej își consolidează poziția de conducător.

„LIBERALIZAREA" LUI GHEORGHIU-DEJ

După moartea lui Stalin în 1953, Gheorghiu-Dej încetinește ritmul industrializării, crește producția de bunuri de larg consum și desființează raționalizarea produselor din comerț, crește salariile, abandonează proiectul Canalului Dunăre – Marea Neagră, desființează cele mai importante lagăre de muncă.

România și Uniunea Sovietică desființează Sovrom-urile. România proclamă un curs de dezvoltare „independent" în cadrul blocului răsăritean şi colaborarea cu toate statele pe baza recunoaşterii egalităţii şi neamestecului în treburile interne. Cooperarea cu China devine mai strânsă.

În 1955, România aderă la Pactul de la Varşovia, cu toate că mai târziu se va opune efectuării de manevre militare pe teritoriul românesc.

După revolta din Ungaria (1956), în România este suplimentată prezenţa militară sovietică, mai ales la graniţa cu Ungaria. Deşi tulburările din România au fost anemice şi controlabile, este crescută vigilenţa şi sunt luate măsuri represive mai ales împotriva studenţilor şi muncitorilor suspectaţi că ar fi „agitatori".

În 1957 sunt epuraţi Miron Constantinescu (cu legături la Moscova) şi Iosif Chişinevschi, ambii membri ai Biroului Politic. Aceştia îl criticaseră pe Gheorghiu-Dej în 1956 şi recomandaseră o liberalizare în stilul lui Hruşciov. Sunt înfieraţi ca stalinişti şi învinuiţi de complicitate cu Ana Pauker. Nicolae Ceauşescu este numit Şeful Cadrelor din Partidul Muncitoresc Român (PMR), în locul lui Miron Constantinescu.

SFIDAREA LUI HRUŞCIOV

În 1958 Gheorghiu-Dej reuşeşte să-l convingă pe Hruşciov să-şi retragă trupele din România. Gheorghiu-Dej, adept convins al industrializării, se opune planului lui Hruşciov ca România să devină furnizoare de produse agricole şi materii prime pentru statele „industriale" membre în C.A.E.R. Comerţul cu Uniunea Sovietică scade, în timp ce România începe să primească credite şi tehnologie occidentală.

În ceea ce priveşte ruptura sovieto – chineză din 1960, România abordează o poziţie neutră, continuând relaţiile cu ambele ţări. De asemenea, are loc o apropiere de Iugoslavia, lansându-se proiectul hidrocentralei de la Porţile de Fier. În „Declaraţia din aprilie 1964" a PMR, este respinsă hegemonia sovietică în cadrul blocului comunist, reafirmând autonomia României.

În plan intern politica lui Gheorghiu Dej cuprinde, printre altele, amnistierea „duşmanilor de clasă" şi a „şoviniştilor", începerea „derusificării" şi promovarea culturii naţionale. În urma politicii de „românizare", minoritatea maghiară se plânge de discriminare şi de abolirea unor concesii politice şi culturale.

PRIMA PARTE A GUVERNĂRII LUI CEAUȘESCU

După moartea lui Gheorghiu-Dej în 1965, Nicolae Ceaușescu este numit Prim Secretar al PMR (redenumit în 1965 Partidul Comunist Român) și cumulează diferite funcții de partid și de stat, printre care Președinte al Consiliului de Stat și Comandatul Suprem al Armatei. Se înconjoară de subordonați loiali, stăpânind Comitetul Central. Continuă politica de românizare și deviația de la politica sovietică.

România recunoaște Republica Federală Germană și continuă relațiile diplomatice cu Israelul după Războiul de Șase Zile din iunie 1967. În 1968, după condamnarea invaziei Cehoslovaciei inițiată de Uniunea Sovietică, Ceaușescu primește aprobarea lipsită de precedent a majorității populației și aprecierea puterilor occidentale.

În primii ani ai guvernării este permisă eliberarea unor condamnați politic, se înmulțesc contactele cu vestul și sunt acordate unele libertăți în domeniul literar, artistic și al învățământului. După consolidarea puterii și apariția cultului personalității, care în continuare va atinge culmi tragi-comice, scriitorii și artiștii vor fi obligați să revină la realismul socialist, iar reprimarea dizidenților se va accentua.

În 1971, după ce revine din vizita în China, Ceaușescu proclamă o versiune proprie a Revoluției Culturale. Ion Gheorghe-Maurer și mii de directori și oficiali care au propus sau implementat reformele precedente sunt demiși și înlocuiți.

Pentru a lipsi un potențial oponent de acumularea puterii, în 1972 este adoptă rotația cadrelor, dar aceasta măsură va avea consecințe negative asupra conducerii economiei. În 1973 Elena Ceaușescu devine membră a Biroului Politic, iar în 1974 Ceaușescu este ales Președinte al Republicii.

ÎNFLORIREA ECONOMICĂ FORȚATĂ, FALSĂ

Durează aproximativ două decenii și jumătate și este posibilă datorită resurselor investite în industrializare și infrastructură. Are loc o mai bună aprovizionare a populației și creșterea nivelului de trai.

Din păcate, este vorba de o înflorire falsă, forțată:
- Resursele financiare investite nu provin din rentabilitatea

economică, ci, în ordine istorică, predominant din acapararea bogățiilor țării de stat (vezi capitolul „Jaful"), credite externe și forțarea exportului care va produce mari suferințe poporului.

- La acestea se adaugă acumulările de capital intern prin menținerea nivelului scăzut de trai (puterea de cumpărare a salariatului fiind printre cele mai mici dintre țările comuniste europene).
- În noile întreprinderi se seamănă de la început „sămânța pieirii" prin mecanisme monopoliste ineficiente, incompetență, hoție etc, acestea ducând în final la falimentul întregului sistem.

CRIZA GENERALĂ A ECONOMIEI SOCIALISTE

Constă în pierderea competiției economice cu țările apusene dezvoltate, aceasta fiind cauza principală a prăbușirii tuturor regimurilor comuniste din Europa. Rădăcinile crizei se formaseră deja de la înființarea acestor regimuri, prin crearea unor sisteme economice ineficiente, centralizate și monopoliste.

Evoluția fenomenelor economice este un proces istoric îndelungat, în condițiile în care statul este unicul deținător al bogățiilor țării, acesta având în mână cârma economiei care va trece prin mai multe etape până la prăbușirea inevitabilă.

Excepții:
- Cuba și Coreea de Nord, unde sistemul economic falimentar este menținut prin dictatură, îndoctrinare și izolare.
- China unde, sub egida Partidului Comunist, s-a trecut la o economie de piață preponderent capitalistă (cu toate că statul deține o parte din puterea de decizie pe tărâm economic), evitând astfel evoluția nefastă a crizei. Vorba lui Deng Xiao Ping: „Nu este important ce culoare are blana pisicii, câtă vreme prinde șoareci".

FACTORI AGRAVANȚI AI CRIZEI DIN ROMÂNIA

Situația economică a unor state comuniste este „îndulcită" de existența unei tradiții industriale sau a unei descentralizări parțiale care acceptă prezența unui mic dar important sector particular și care permite o oarecare economie de piaţă. Deşi economiile acestor state rămân tot mai mult în urma statelor capitaliste dezvoltate, se obţin totuşi rezultate net superioare României, mai ales în privinţa aprovizionării populaţiei şi a nivelului de trai.

În România situaţia este agravată de centralizarea excesivă şi de gravele greşeli economice ale guvernării ceauşiste. Dezvoltarea economică forţată a dus la epuizarea capitalului provenit din perioada de „jaf", iar acumularea de capital intern prin menţinerea nivelului de trai scăzut nu ajunge pentru „dezvoltarea economică planificată".

Politica relativ independentă în cadrul blocului sovietic a lui Gheorghiu-Dej este apreciată în occident şi răsplătită, printre altele, prin livrarea de echipament industrial modern şi acordarea de credite care sunt, din păcate, pompate în continuare în „dezvoltarea" ineficientă a economiei.

După o timidă încercare de reforme economice în 1969, Ceauşescu se opune descentralizării şi reînnoieşte eforturile pentru dezvoltarea industriei grele, exploatarea extensivă a resurselor naturale, recrutarea forţei de muncă industrială de la sate, obţinerea concesiunilor şi a creditelor occidentale.

Se construiesc uzine metalurgice şi petrochimice gigantice a căror capacitate depăşeşte posibilităţile autohtone de aprovizionare cu materii prime şi energie. Sunt iniţiate investiţii publice masive, complet ineficiente d.p.d.v. economic precum reluarea lucrărilor la Canalul Dunăre – Marea Neagră, planul de sistematizare a capitalei, Canalul Bucureşti – Dunăre, planul de sistematizare a satelor etc.

Dificultăţile administrării unei economii complexe, diversificate şi în creştere este accentuată şi de „rotaţia cadrelor" de la conducere impusă de Ceauşescu pentru a preveni posibilitatea ca un potenţial rival să acumuleze prea multă putere.

România apelează la credite masive cu dobânzi mari, care conduc la o aparentă dar falsă creştere economică. De fapt se ajunge la imposibilitatea de a echilibra balanţa comercială externă în ciuda exportului intensiv de produse agricole şi marfã, care sunt de multe ori de calitate îndoielnică şi care se vând la preţuri uneori derizorii. Astfel se ajunge la înglodarea ţării în datorii.

4. DECĂDEREA
(MIJLOCUL ANILOR '70 - ÎNCEPUTUL ANILOR '80)

ASISTENT UNIVERSITAR

Iată-mă asistent universitar la clinica medicală, poziție la care nici nu visasem. Cunoșteam secția deoarece efectuasem o mare parte din specializare aici.

Profesorul era un om deosebit: clinician excelent, foarte bun conferențiar cu vaste cunoștințe teoretice și o cultură generală enciclopedică, foarte corect (chiar prea corect pentru acele vremuri), pretențios cu studenții, dar omenos și binevoitor cu personalul. Era iubit, apreciat și stimat.

Printre colegi erau mai mulți medici mai în vârstă, foarte bine pregătiți, cu experiență clinică îndelungată, culți și manierați. Am învățat mult de la ei. De multe ori le ceream sfatul referitor la cazurile clinice pe care le aveam. Printre cei mai tineri erau, de asemenea, oameni valoroși, foarte bine pregătiți.

Am primit în grijă un număr de saloane și o grupă de studenți. Am depus efort maxim ca vizitele clinice zilnice să fie reușite, să stabilesc diagnosticele corecte, să cer investigațiile și să dau tratamentele adecvate cu resursele limitate care ne stăteau la dispoziție. Am încercat să fac totul spre binele bolnavului, să transmit cât mai multe cunoștințe medicale studenților, să mă încadrez în orarul planificat al vizitei și să cultiv relații de colaborare și respect cu personalul din subordine.

Profesorul mi-a relatat că atunci când se repartizau medicilor serii noi de studenți, cei repartizați mie își exprimau bucuria. Aceasta însemna că seria precedentă fusese mulțumită de mine, transmițând această părere și celorlalți. La ședințele profesionale prezidate de profesor, când îmi venea rândul prezentam cazuri clinice și articole din literatura medicală internațională.

Făceam multe gărzi, iar cu timpul mi-am făcut și un număr de pacienți particulari, pe care-i vizitam la domiciliu. La început consideram degradant faptul ca la externare pacientul îmi oferea bani. Îmi făceam procese de conștiință: era ilegal, nedrept și întina relația medic – pacient.

Pe de altă parte, circulaţia subterană a banilor era un fenomen generalizat. Pentru a obţine ceva, trebuia „să dai" la vânzător, meseriaş, dentist, doctor şamd. Apoi, banii îţi asigurau o viaţă mai îndestulată.

Trăiam în cadrul sistemului şi încercam să mă autojustific. Am hotărât să aplic nişte reguli mai „umane" pentru acceptarea „ofertelor". Nu condiţionam tratamentul de primirea banilor (refuzam oferta la internare), în timpul internării nu făceam aluzii cu privire la recompensă, nu acceptam bani de la cei care consideram că au stare materială proastă sau de la bolnavii terminali, spunându-le: „Dumneata ai mai multă nevoie de banii aceştia decât mine".

Totuşi, marea majoritate a pacienţilor erau „recunoscători". Este interesant că unii pacienţi de la care refuzam să primesc bani credeau că nu vreau să mă ocup de ei în viitor sau că le voi acorda mai puţină atenţie.

Mulţi ani mai târziu, când lucram ca medic în străinătate unde această practică nu era încetăţenită, am refuzat categoric să primesc bani de la rarisimii pacienţi care au încercat acest lucru; desigur însă că aveam şi un salariu mult mai mare decât în România. Legătura medic – pacient mi s-a părut mult mai deschisă şi sinceră, fără a fi umbrită de relaţia materială.

Relaţiile cu colegii erau foarte plăcute, bazate pe respect reciproc. Discutam nu numai teme profesionale, ci şi despre viaţa cotidiană, artă, bancuri etc. Simpatia era reciprocă. Unul dintre medici, profilat mai mult pe cardiologie, m-a învăţat să interpretez electrocardiogramele, lăsându-mă apoi să scriu rezultatele independent, după care controla corectitudinea interpretării. Cu timpul m-am perfecţionat într-atât, încât rareori trebuia să mă mai corecteze.

Când aveam puţin timp liber învăţam să citesc la microscop lamele de hematologie şi citologie cu ajutorul laborantei şi a şefei laboratorului, o doamnă distinsă şi o doctoriţă foarte bine pregătită.

Cu conferenţiarul de parazitologie am colaborat deosebit de bine, publicând împreună o lucrare referitoare la cazul interesant al unui pacient internat în secţia mea.

Un coleg mai tânăr, pasionat de cercetare, depunea o muncă de Sisif pentru a produce antiseruri pentru antigenele pe care le cerceta, prin injectarea unor iepuri, în timp ce în occident cercetătorii puteau achiziţiona seruri produse în mod comercial de firme specializate.

Nu toţi medicii aveau un nivel profesional ridicat. Unul dintre colegi, membru de partid cu relaţii în elita conducătoare, avea un nivel profesional destul de limitat. Fiind băutor înveterat, îi era adusă băutură inclusiv la camera de gardă, uneori făcându-i-se rău. Odată, în urma unui astfel de episod, profesorul m-a rugat să-l dublez la o gardă.

Altfel, era un băiat liniştit, jovial, plăcut, bun coleg. Având relaţii bune cu el, mi-a propus chiar să intru în partid, propunere pe care nu am încercat s-o materializez. Personal m-a ajutat mult, aranjând o întâlnire cu cineva din conducerea de partid din Focşani. La această întâlnire în jurul unei mese îmbelşugate la care a participat şi el, am obţinut detaşarea soţiei la Bucureşti, după ce lucrase doi ani la Panciu.

Am început să organizez o serie de audiţii de muzică clasică în secţia unde lucram (aduceam de acasă un pick-up cu plăci), cu participarea câtorva medici melomani. L-am rugat pe unul dintre colegi, care avea o cultură muzicală mai serioasă, să ţină înainte de audiţii câte o mică prelegere despre compozitorii şi lucrările ce urmau a fi audiate.

Activitatea politică era formală. Toţi participau la „şedinţele deschise", la citirea ziarului dar, chiar dacă luau cuvântul, se simţea apatia majorităţii.

În paralel cu înrăutăţirea situaţiei economice aveam probleme şi cu aprovizionarea cu medicamente, filme radiologice şi alte materiale necesare spitalului. La un moment dat, profesorul mi-a dat în grijă un mic stoc de diuretic (furosemid) injectabil, cu precizarea de a-l distribui numai cazurilor „grave şi strict necesare".

Aprovizionarea populaţiei s-a înrăutăţit treptat. Urda şi smântâna au dispărut, iar untul se găsea intermitent; uneori nu era zahăr; când „venea marfă" erau cozi la cartofi, pepeni, bere şi alte produse. Carnea dispăruse, iar pentru a o procura, bineînţeles, la suprapreţ, trebuia să ai „relaţii". La carmangerii se găseau oase de porc afumate, slănină şi şuncă de Praga cu un gust ciudat, neplăcut, pe care lumea o cam evita.

Socrul meu, învăţător pensionar, suferea de o afecţiune cronică, cu spitalizări repetate. În 1979, fiind internat la secţia gastroenterologie a spitalului Fundeni, s-a plâns într-un memoriu către conducerea spitalului de înrăutăţirea condiţiilor de spitalizare: „Lenjeria este uzată, la duşuri lipsesc robinetele şi apa caldă, WC-urile sunt neîngrijite, mâncarea este puţină şi de proastă calitate".

În timp ce populaţia suferea din cauza aprovizionării şi a serviciilor deficitare, membrii protipendadei de partid aveau centre de aprovizionare speciale, cu un sortiment bogat de produse, inclusiv marfă occidentală. De asemenea, beneficiau şi de o reţea de servicii, spital cu aparatură modernă, medicamente străine şi de cele mai bune cadre specializate.

Vizitele de lucru ale „Tovarăşului" s-au transformat în spectacole regizate. În preajma vizitei pieţele erau aprovizionate din abundenţă, pentru ca imediat după încheierea acesteia marfa să dispară.

Foarte repede mi-am dat seama că majoritatea medicilor, mai ales cei vârstnici, nutreau sentimente anticomuniste. Unii tăceau, alţii făceau aluzii ironice, iar cu câţiva am ajuns să ne spunem bancuri politice. Unul din ei, cu un fin simţ al ironiei, mi-a spus că dintre ziare preferă să citească „Sportul popular". „Este cel mai obiectiv ziar. Dacă scrie că una din echipe a câştigat cu 2:0, este o ştire obiectivă.".

Avea o cunoştinţă vorbitoare de română în Australia. I-a expediat, neînsoţit de comentarii, câteva exemplare din ziarul „Scânteia", pline de cuvântări ale lui Ceauşescu şi de articole despre el. „Foarte interesant" i-a răspuns respectivul.

În perioada activităţii mele la spital au părăsit ţara în mod ilegal trei medici de la Clinica Medicală, printre care cardiologul şi cercetătorul.

BANCURILE POLITICE

Deşi interzise, exista o abundenţă de bancuri politice şi în mod constant apăreau altele noi. Le împărtăşeam numai prietenilor şi colegilor în care aveam încredere. Pentru noi, aceste bancuri care ironizau şi îşi băteau joc de absurdităţile regimului erau ca oxigenul pentru astmatic. După ce auzeam un banc nou râdeam cu poftă, ne descreţeam frunţile, uitam de greutăţile vieţii zilnice, iar plăcerea mai mare era să-l povestim şi altora.

Faptul că erau interzise le mărea farmecul, dându-ne senzaţia solidarităţii cu cei cu care le împărtăşeam. După o „şedinţă" de bancuri, aveam „tonusul sufletesc" mai ridicat, petrecându-ne apoi toată ziua parcă mai bine dispuşi. Cred că regimul ar fi trebuit să fie foarte mulţumit de existenţa acestor bancuri, care probabil că redirecţionau în parte nemulţumirea populaţiei de la opoziţia făţişă.

STAREA DE SPIRIT A OAMENILOR DE PE STRADĂ

Pe stradă întâlneai mulţi oameni cu feţele întunecate, privind în gol sau nervoşi. La magazine era aglomeraţie; uneori cozi; vânzătoarele erau nepoliticoase şi chiar obraznice, purtându-se ca şi cum îţi făceau un mare favor că-ţi vindeau marfa de proastă calitate. De multe ori trebuia să „dai ciubuc", ca să obţii marfa dorită.

Exista şi marfã occidentală de import, pe valută, la magazine speciale (Shop) sau se putea cumpăra câte ceva de la cei care primeau pachete din străinătate. Eu am plătit unui turist, la o rată de schimb foarte avantajoasă pentru el, ca să-mi cumpere două casete pentru casetofon.

Mijloacele de transport erau supra-aglomerate, mai ales la orele de vârf, iar oamenii, nervoşi, se luau uneori la harţă pentru nimicuri.

În timp ce nivelul de trai era în scădere, se investeau sume uriaşe în proiecte grandioase fără nici un folos economic, ca „sistematizarea capitalei". S-a distrus o mare parte a capitalei, care cuprindea clădiri de valoare istorică, biserici etc. Pe bună dreptate, populaţia adăuga în derâdere „asupra capitalei" la numele bulevardului cu numele grandios „Victoria socialismului" (astăzi Unirii), construit din ordinul lui Ceauşescu.

„POVESTEA CARTOFULUI"

În 1986 vizitam în cadru profesional câteva spitale din Marea Britanie, şi am fost întrebat de unul dintre medici: „Cum se poate ca într-o ţară atât de bogată ca România situaţia economică să fie atât de proastă?".

Ca să ilustrez situaţia, i-am propus să-i expun un scenariu posibil, bazat pe amintirile mele, respectiv ce se întâmplă cu cartoful din momentul recoltării până când ajunge la consumator:

Toamna, recolta de cartofi trebuie scoasă din pământ, dar la ţară nu mai există destulă forţă de muncă. Sunt scoşi astfel la „muncă patriotică" soldaţii, studenţii, chiar şi elevii. Aceştia nu sunt interesaţi să facă muncă de calitate. Cartofii sunt scoşi la suprafaţă cu ajutorul plugului, dar se recoltează numai cei care „se văd bine", nu şi cei acoperiţi cu puţin pământ. Consecinţa: o parte rămâne în pământ!

Recolta se adună pe câmp în grămezi mari, dar apare o altă problemă: nu există mijloace de transport! Două camioane sunt defecte deja de mult timp, neputând fi reparate din cauza lipsei pieselor de schimb, un camion este plecat la o nuntă cu „tovarăşul" secretar de partid, iar restul – ocupate cu alte munci. Între timp, accesul camioanelor este îngreunat de ploile de toamnă.

Cartofii rămân pe câmp două – trei săptămâni. O parte se fură! O parte putrezeşte! În sfârşit, sunt transportaţi, selecţionaţi pentru export, iar cei neadecvaţi exportului sunt depozitaţi pentru consum intern. Rezultatul: criză în aprovizionarea cu cartofi!

Eu, cetăţean de rând, dacă vreau să cumpăr cartofi, trebuie să stau la coadă la „Legume şi Fructe". Când îmi vine rândul, cer cinci kilograme. Mi se spune că „se dau" numai trei kilograme. Neavând de ales, accept fără discuţii, la care vânzătorul mă „serveşte", luând cartofii cu făraşul, împreună cu pământ şi câţiva cartofi stricaţi, „cântăreşte" trei kilograme (de fapt numai 2,9 kg), „greşeşte" în favoarea lui la calculul totalului cu un leu şi „nu are destul mărunţiş" ca să-mi dea restul!

Eu cunosc toate aceste tertipuri şi ştiu că m-a „înşelat", dar suport stoic „operaţiunea", spunându-mi: „Lasă, să trăiască şi el!".

Ajungând acasă, aleg cartofii de pământ, arunc doi – trei cartofi stricaţi dar sunt fericit că „am găsit" cartofi, pentru că se putea să nu găsesc deloc.

Concluzia: Nimic nu funcţionează: nici agricultura, nici transportul, nici comerţul! Englezul s-a arătat mulţumit de „scenariu", declarându-mi că acum înţelege mai bine situaţia.

Bancuri:

- Previziunile economice pentru anul viitor: „Va fi un an economic mediu: ceva mai rău decât anul precedent, dar mult mai bun decât anul următor".
- Care este diferenţa dintre o carmangerie dinainte de război şi una de astăzi?
  Înainte, pe firmă scria „La Ghiţă măcelaru'", iar înăuntru era carne. Acum, pe firmă scrie „Carne", iar înăuntru este… Ghiţă măcelaru'.

* Un cetăţean intră în magazin şi întreabă:
  — Aveţi lapte?
  — Nu
  — Las' că ştiu eu cine e de vină! şi înjură.
  A doua zi:
  — Aveţi unt?
  — Nu
  — Las' că ştiu eu cine e de vină! şi înjură.
  A treia zi:
  — Aveţi smântână?
  — Nu
  — Las' că ştiu eu cine e de vină! şi înjură.
  Apare securistul de după tejghea, îl invită la biroul lui, îl pofteşte să ia loc şi-l întreabă:
  — Acum spune-mi dumneata, să ştiu şi eu, cine e de vină?
  — Cum cine e de vină?! Americanii sunt de vină!
  — Aaa! Bine, poţi să pleci.
  În timp ce se îndrepta spre uşă, cetăţeanul se întoarce brusc spre securist şi-l întreabă:
  — Dar, de fapt, voi cine credeaţi că e de vină?

„Geniul din Carpaţi"

Profesorul meu a fost ales drept unul dintre medicii personali ai lui Ceauşescu. Am aflat indirect că în timp ce „perechea conducătoare" mânca şi bea cu ocazia unei serbări, profesorul, care îi însoţea, îi aştepta afară în maşină fără să fie servit. A fost o ilustrare a lipsei de bun simţ şi a desconsiderării intelectualităţii de către „Conducător" şi anturajul său.

Cultul personalităţii cu elogierea nemărginită era în contrast izbitor cu lipsa sa de cultură generală şi greşelile de „esprimare" din discursurile „Marelui Conducător".

Deşi era periculos, circulau pe seama lui multe bancuri:

* Un sfat preţios al „Tovarăşului" valorează cât... o bombă atomică!
* Limbile străine vorbite de tovarăşul Nicolae Ceauşescu: bâlbâita, daco-gestica şi Elena.

- Ai auzit că se desfiinţează litera x din alfabetul român?
  De ce?
  Fiindcă nu „ezistă"!

LA CULESUL STRUGURILOR

Într-un an am participat cu studenţii la culesul strugurilor la Odobeşti. A fost o muncă plăcută deşi unii studenţi, neobişnuiţi cu munca, aveau probleme cu orele prelungite de lucru. Oficialităţile de partid veneau în vie „ca la ei acasă" îşi încărcau maşinile cu lădiţele de struguri şi plecau.

La sfârşit s-a făcut o mare serbare cu masă şi vin din abundenţă. După ce am degustat mai multe vinuri, unul din pivniceri care se cam cherchelise a spus: „Şi acum să vă aduc ceva special: Beaujolais!". Într-adevăr, acel vin roşu n-a fost rău. Ulterior, fiind în Franţa, am aflat că este un vin destul de comun acolo.

Soţia a locuit cu copiii la Panciu doi ani, iar eu îi vizitam la o săptămână – două. Oficialităţile aveau „acces liber" la depozitul de vinuri de acolo. Fiind medic ginecolog, şi soţiei i-au fost oferite două canistre de câte 20 de litri de vin şi i s-a spus să revină de câte ori va avea nevoie.

VIAŢA DE FAMILIE

După mai mulţi ani ne-a fost repartizat un apartament de trei camere la capătul cartierului Pantelimon, iar la început locuiam singur în apartamentul aproape nemobilat. După reunirea familiei în urma întoarcerii soţiei din provincie, l-am mobilat şi aranjat frumos. Câştigam bine, dar ne fereream să părem cheltuitori; începuseră să se facă cercetări privind veniturile ilicite.

Alimente aveam din abundenţă, obţinute prin relaţii sau primite cadou. Deseori, la sfârşitul săptămânii mergeam la socri. Uneori îi mai ajutam în gospodărie şi ne întorceam încărcaţi cu produse de la ţară.

Copiii urmau şcoala din cartier, învăţau bine şi nu le lipsea nimic. Încercam să-i atrag spre ştiinţele exacte, dându-le probleme distractive. Ne străduiam să le spunem adevărul, dar ne fereram să criticăm făţiş regimul sau să spunem bancuri anticomuniste în faţa lor.

Mă plimbam cu soţia, ieşeam la spectacole, ne întâlneam cu prietenii şi rudele, uneori plecam în excursii. Duceam o existenţă modestă, dar îndestulată, cu o viaţă de familie armonioasă.

Nu mai credeam în comunism, simţeam că totul în jurul nostru se deteriorează, sufeream din cauza metehnelor regimului şi mai ales de „făţărnicia" pe care trebuia să o practic la toate nivelurile, lucruri care mă deranjau. Pe de altă parte, reuşisem să ne construim insula noastră de fericire şi profesional eram în ascensiune.

RESPINGEREA DOSARULUI PENTRU EXAMEN

În anul 1978, în timp ce eram în vizită la socri, am fost anunţat de un coleg să mă întorc de urgenţă la Bucureşti pentru a-mi depune dosarul pentru examenul de avansare. Eram mulţumit şi simţeam că am intrat pe făgaşul cel bun.

Spre stupefacţia mea, dosarul a fost returnat cu specificaţia: *„Nu are avizul Comitetului de Partid al Capitalei"*. Am fost profund afectat. Am simţit ca şi cum arătătoarele istoriei s-au întors douăzeci de ani în urmă.

Profesorul, contrariat, s-a deplasat personal să vadă care e motivul respingerii. I s-a spus că problema este originea socio-economică nesănătoasă, inclusiv fostul domiciliu obligatoriu. Consideram că demiterea unui clinician şi cadru didactic cu o experienţă de cinci ani nu este numai o mare nedreptate pentru mine, dar şi o pierdere pentru stat şi societate.

Împreună cu soţia am hotărât atunci să cerem părăsirea ţării cu întreaga familie. Dacă toată viaţa mea de până atunci încercasem să mă integrez în orânduirea socială existentă chiar cu preţul „făţărniciei" impuse majorităţii cetăţenilor, deodată am avut o mare senzaţie de uşurare şi eliberare când, pentru prima dată în viaţă, am luat o atitudine făţişă împotriva politicii oficiale.

Mi-am lepădat masca de „om cu trei feţe" şi am putut să mă exprim mult mai liber. Am rămas uimit de numărul mare de oameni din jurul meu care mi-au acordat sprijin moral, exprimat în mod variat, prin înţelegere tacită, simpatie, aprobare, solidaritate. Nu era vorba numai de cei în situaţia mea, ci de mulţi alţii, despre care nici nu bănuiam că vor avea o astfel de reacţie. Am simţit o mare linişte sufletească şi o nebănuită forţă de luptă pentru atingerea ţelului propus.

Primele efecte au fost că soţiei i-a fost anulată detaşarea la Bucureşti, iar mie nu mi-a fost plătit salariul şi mi s-a cerut să-mi caut alt loc de muncă. Am scris imediat un memoriu la Direcţia Paşapoarte pentru urgentarea părăsirii ţării, motivul fiind lipsa veniturilor pentru traiul întregii familii.

Nu ştiu ce s-a întâmplat, dar foarte curând casiera de la Rectorat mi-a telefonat, întrebându-mă dacă prefer să-mi facă stat de plată separat sau să aştept să mi se achite datoria la salariul următor.

Am refuzat să-mi caut alt serviciu, astfel încât după un timp am primit o înştiinţare că sunt detaşat „în interes de serviciu" la Policlinica pentru Sportivi.

LA POLICLINICA PENTRU SPORTIVI

Pentru mine era un fel de staţiune de odihnă. Activitatea medicală pentru un clinician cu experienţă de spital era aproape nulă. Activitatea ştiinţifică şi pedagogică erau inexistente. Salariul era mai mare decât la spital, în schimb nu mai primeam suplimentele anterioare (gărzi etc).

Din lipsă de pacienţi, în timpul serviciului aveam multe ore libere în care citeam, învăţam limbi străine, discutam cu colegii. Se pare că era o instituţie unde erau puşi „pe linie moartă" o serie de indezirabili. Tot aici fusese transferată de la un alt spital o specialistă în recuperare care depusese de asemenea o cerere de părăsire a ţării.

Mai aveam un coleg, un medic mai în vârstă, foarte simpatic, anticomunist convins, fiul unui fost ofiţer superior din armata regală. Venea deseori în cabinetul meu şi discutam îndelung. Fusese în vizită în R.D.G. (Germania de Est) şi ajunsese la concluzia că este vorba de acelaşi „tembelism comunist" ca la noi. Odată, întrebându-l ce părere are despre o problemă, mi-a răspuns ironic: „Eu nu gândesc, Partidul gândeşte pentru mine!". Altă dată priveam pe geam spre curtea policlinicii, unde se făceau renovări şi, în timp ce doi muncitori lucrau cu încetinitorul, fără nici o tragere de inimă iar alţi trei îi priveau, colegul a remarcat cu sarcasm: „Păi de aia este frumos socialismul!".

Banc:
- La o casă de nebuni pacienţii sunt rugaţi să ajute la descărcarea cărămizilor aflate într-un camion. Imediat se împart în două echipe: una care le descarcă şi cealaltă care le încarcă înapoi în camion.

— Opriţi-vă! Munca voastră nu e eficientă! spune supraveghetorul.

— Ce contează? Treaba să meargă! îi răspunde unul din pacienţi.

MUNCA PE „SALVARE"

Îmi completam veniturile însoţind diferite echipe sportive de gimnastică şi box la antrenamente sau competiţii, mai aveam câţiva pacienţi particulari şi am început să fac gărzi de noapte pe „Salvare".

„Salvarea" era desemnată drept un mijloc de transport al bolnavilor spre camera de gardă, dar nu cel mai rapid. La orele de vârf putea să treacă vreme îndelungată până la sosirea „Salvării", mai ales că unii transmiteau simptome false la telefon, pentru a-i grăbi sosirea.

Marea majoritate a ambulanţelor nu erau echipate cu utilaj modern pentru tratamente de urgenţă şi, de fapt, Salvarea devenise un mijloc „legal" de acordare a asistenţei medicale la domiciliu.

De la primele gărzi efectuate mi-am dat seama că pacienţii erau foarte mulţumiţi dacă îi examinam, le explicam despre ce este vorba, uneori le administram un mic tratament pe loc, scriam o reţetă şi o mică scrisoare către medicul de familie.

Aproape în toate cazurile primeam „răsplata", însoţită de mulţumiri. Desigur, şi şoferul care aştepta răbdător îşi primea partea. Gărzile pe Salvare s-au dovedit mult mai „rentabile" decât gărzile la camera de gardă a spitalului.

EMIGRAREA

În cei doi ani şi trei luni în care am mai rămas în ţară de la depunerea primei cereri de emigrare am primit cinci răspunsuri negative la memoriile înaintate. La ultima audienţă mi s-a spus răspicat: „Nu vei primi aprobare pentru părăsirea ţării nici în cinci ani!".

Am aflat că autorităţile române i-ar fi transmis avocatului american care se ocupa voluntar de cazuri ca al meu că, de fapt, „n-am fi înaintat nici o cerere de plecare". La scurt timp după ce am reuşit să trimit în Vest, prin intermediul unui turist, toate cele cinci răspunsuri negative, am fost invitaţi, în mod total neaşteptat, să ne ridicăm paşapoartele. La mulţi ani după emigrare am descoperit întâmplător că situaţia noastră a fost men-

CONTINUING THE PRESIDENT'S AUTHORITY TO WAIVE
THE TRADE ACT FREEDOM OF EMIGRATION
PROVISIONS

B   700,575   DUPL

HEARING

BEFORE THE

SUBCOMMITTEE ON INTERNATIONAL TRADE

OF THE

COMMITTEE ON FINANCE

UNITED STATES SENATE

NINETY-SIXTH CONGRESS

FIRST SESSION ———— JULY 19, 1979

Cazul nostru a fost menționat în cadrul discuției „clauzei națiunii celei mai favorizate" a României în Comisia Financiară a Senatului American în 1979 și 1980.

STATEMENT BY CYRUS GILBERT ABBE BEFORE THE
INTERNATIONAL TRADE SUBCOMMITTEE OF THE SENATE
FINANCE COMMITTEE, JULY, 1980

As examples of the refusal of the Rumanian government to grant exit visas and the harassment of applicants please consider the situations of (a) the Moraru family who first applied for exit visas to join their family in Israel in January 1977 and have been refused such permission four times already without any reasons given, (b) Gheorghe and Ileana Rafael-Stefanescu, two physicians who applied to emigrate in 1977 and were both then fired from their jobs and their applications rejected, (c) Sergiu and Ruxandra

EXTENSION OF THE PRESIDENT'S AUTHORITY TO
WAIVE SECTION 402
(Freedom of Emigration Requirements)
OF THE TRADE ACT OF 1974

699,831

HEARING

BEFORE THE

ON INTERNATIONAL TRADE

OF THE

COMMITTEE ON FINANCE

UNITED STATES SENATE

NINETY-SIXTH CONGRESS

SECOND SESSION ———— JULY 21, 1980

În vara anului 1980 ne-a fost aprobată în mod total neașteptat plecarea din țarâ, cel mai probabil în urma discuțiilor din Senat.

ţionată în Comisia Financiară a Senatului American, în 1979 şi 1980, în contextul „clauzei naţiunii celei mai favorizate" a României; cred că de fapt, acesta a fost factorul decisiv care a forţat autorităţile române să ne aprobe emigrarea.

Astfel, în anul 1980 a luat sfârşit perioada trăită în România socialistă. În schimb, lămurirea cauzelor, mecanismelor şi consecinţelor dezastrului socio-economic al ţării natale continuă să mă frământe până astăzi.

EVENIMENTE ISTORICE ŞI POLITICE

România condamnă invazia sovietică din Afganistan din 1979.

PROBLEME ECONOMICE

Producţia industrială a României a crescut de 100 de ori din 1950 până la mijlocul anilor şaptezeci, când economia începe să capoteze. Neputând trece de la o producţie extensivă la una intensivă, pentru prima dată apare lipsa forţei de muncă în economie. Din cauza productivităţii reduse, „dezvoltarea industrială" necesită creşterea cu aprox. 5% pe an a numărului muncitorilor.

Majoritatea noilor angajaţi provine din rezerva de forţă de muncă de la sate care de-a lungul anilor scăzuse drastic, la munca agricolă rămânând mai ales femeile şi bătrânii. În jur de 30% din muncitorii din industrie erau navetişti de la ţară, care aveau şi avantajul deţinerii terenului agricol al familiei. Mulţi aveau un nivel de educaţie scăzut, iar absenteismul şi alcoolismul erau fenomene frecvente, care influenţau negativ productivitatea.

Astfel, produsul intern brut (PIB) pe cap de locuitor ajunge în 1985 să fie cel mai scăzut nu numai din Europa, dar chiar şi din Europa de Est! La aceşti factori se adaugă natalitatea scăzută, îmbătrânirea populaţiei, emigrarea unor specialişti, risipirea forţei de muncă printr-o planificare şi conducere proastă.

Producţia autohtonă de materii prime nu mai poate acoperi necesarul uriaşelor uzine construite la comanda megalomanilor de la conducere. Sunt importate petrol, gaze naturale, cocs, minereu de fier, energie electrică etc. Preţul petrolului creşte pe piaţa internaţională, în schimb scade preţul oţelului şi al produselor petrochimice.

Există mai mulţi factori agravanţi în generarea crizei, printre care cutremurul din 1977, anii secetoşi, agricultura neglijată timp de decenii care va avea ca rezultat una din cele mai scăzute productivităţi la hectar din Europa (locul 20 din 23 în 1980).

5. FALIMENTUL (ÎNCEPUTUL ANILOR '80 - 1989)

Deoarece în această perioadă nu am mai locuit în România, am scris acest capitol cu ajutorul mărturiilor unui prieten, domnul Ştefan, tehnician constructor, care locuia tot în cartierul Pantelimon.

PE ŞANTIERELE CAPITALEI

În toată această perioadă am efectuat numeroase lucrări edilitare în capitală. La construirea pasajului din Piaţa Universităţii s-a săpat o groapă uriaşă. Sub asfalt a fost găsit un pavaj de granit, sub acesta un pavaj şi mai vechi din grinzi de stejar tratat termic, foarte bine conservate, iar şi mai adânc, nisip. Tot acest material a trebuit transportat la groapa de gunoi pentru ca, în schimb, să fie adus nisip cumpărat, aşa cum era prevăzut în devize!

Şoferii basculantelor comercializau, în schimb, materialele excavate şi „aranjau" confirmarea efectuării cursei la groapa de gunoi. Şefii de echipe „se trezeau cu bani în buzunar" de la şoferii basculantelor, entuziasmaţi de chilipir. De asemenea, aveau cont deschis la Restaurantul Intercontinental. Eu am refuzat banii şi nici la restaurant nu m-am dus. Unul din şoferi m-a apostrofat: „În viaţa mea n-am văzut un şef mai prost!"

Într-o zi, una din basculante a fost depistată de un miliţian în timpul descărcării materialului. Ancheta a dus la identificarea întregii reţele şi condamnarea la închisoare a participanţilor (şoferii la şase luni, iar şefii de echipe, la un an si jumătate). Eu, nefiind implicat, nu am fost bănuit.

Şantierele erau despărţite de stradă prin panouri metalice care trebuiau întreţinute, vopsite, spălate. Bineînţeles, de câte ori trecea „Conducătorul", erau demontate şi apoi montate la loc. Această operaţiune era deosebit de supărătoare, noi pierzând multe ore de lucru, dacă şantierul era pe traseul pe care „Tovarăşul" trecea des.

La un moment dat am primit ordin să construim un pasaj subteran pentru pietoni pe Calea Victoriei, lângă numărul 174. Am săpat, cu pereţi mulaţi, cam jumătate din traseul planificat, când ni s-a ordonat subit să astupăm pasajul şi să abandonăm lucrarea.

Concomitent efectuam lucrări de consolidare la Hotelul Lido. Aici am fost puși să zidim șapte ferestre care erau orientate spre biroul nr. I (al „Tovarășului"). De două ori pe zi circulația era oprită, iar noi trebuia să ne retragem în interiorul clădirii și să așteptăm 30-45 de minute, până când trecea convoiul lui Ceaușescu de la reședință la Comitetul Central și invers. În continuare trebuia să mai așteptăm încă 20-30 minute până trecea și convoiul „Tovarășei".

Atunci am făcut imprudența de a comenta că eu cu soția ieșim împreună și nu înțeleg de ce „Tovarășii" merg separat. Urmarea a fost că doi securiști m-au invitat de vreo 12 ori în biroul șantierului și m-au pus să copiez pasaje din „*Amintiri din copilărie*" ale lui Creangă, cu litere cursive apoi cu litere de tipar.

Fiecare ședință dura 3-4 ore, timp în care, bineînțeles, se resimțea lipsa mea pe șantier. Aceste „extemporale" se desfășurau fără comentarii sau întrebări din partea lor sau a mea. Erau și securiști cumsecade și poate chiar ostili regimului. Unul m-a sfătuit să fim atenți ce vorbim și când vedem pe cineva din afara echipei, să ne uităm dacă are mâinile bătătorite de muncă.

La începutul lui 1986 începusem construirea unui pod peste calea ferată dublă spre Constanța, la aprox. un km de Gara Herăstrău. Lângă șantier a fost construit, exclusiv pentru Ceaușescu, un pasaj denivelat cu o barieră încuiată cu lacăt. Dispoziția era să vină un echipaj și să ceară Gării Băneasa oprirea circulației feroviare până la trecerea convoiului prezidențial. Tot drumul era supravegheat de securiști înarmați, iar noi trebuia să „înghețăm" nemișcați, până la trecerea convoiul.

Într-o zi convoiul prezidențial a sosit precipitat, unul din gardă apostrofând angajatul CFR-ului că nu apucase să oprească circulația. După trecerea unei garnituri cu cisterne dinspre Băneasa, împotriva recomandării CFR-istului pe care îl înjurase, însoțitorul din gardă a smuls bariera și s-au angajat să treacă pasajul.

În timp ce mașina prezidențială traversa pasajul, a apărut acceleratul care venea cu 120 km/h din direcția Constanța și care nu putuse fi văzut din cauza curbei. Mecanicul locomotivei a observat pericolul și a început să claxoneze. Se spunea că Ceaușescu împingea în bordul mașinii, să treacă mai repede, mașina reușind să evite coliziunea „la mustață". Restul convoiului se oprise la timp, dar toată lumea era speriată și palidă.

După câteva minute s-a întors și partea convoiului care reușise să treacă, a fost oprită circulația feroviară, iar Ceaușescu a traversat pasajul înapoi pe jos. De atunci n-a mai trecut pe acolo decât pe pod, după ce a fost deschis traficului.

În ultima perioadă efectuam lucrări edilitare și pavaje la „Casa Poporului". Construiam canale, casete pentru rețeaua de apă, cabluri etc. „Tovarășul" vizita șantierele centrului civic în fiecare sâmbătă, uneori și în alte zile ale săptămânii. Planurile se modificau de multe ori, fiind nevoiți să astupăm săpăturile, să refacem pavajul unor lucrări în curs sau să începem alte variante.

La sfârșitul lui octombrie 1989 am primit dispoziție ca barăcile șantierului să se retragă câteva sute de metri. Lucrările au fost sistate. Ne prezentam la lucru, discutam în baraci, unii beau câte o țuică. Eram plătiți cu 60% din salariu. Am făcut liste pentru a trimite în concediu cât mai mulți, dar oamenii voiau concediu de sărbători.

Atunci i-am făcut o propunere periculoasă șefului de șantier, zicându-i: „Fac pariu cu matale pe o sticlă de whisky că „Ăsta" nu apucă anul nou". Erau prezenți vreo 7-8 oameni și m-am gândit apoi că dacă unul mă toarnă, sunt „terminat". Dar nu s-a întâmplat nimic. Lipsa de activitate a durat până la răsturnarea regimului. Nici până azi nu am aflat care a fost cauza întreruperii lucrărilor.

Pe 21 decembrie, când mergeam spre casă după încheierea mitingului din Piața Palatului, s-a oprit lângă mine o mașină din care mi-a strigat șeful șantierului: „Nea Fănică, s-a terminat! S-a dus dracului!". „Taci omule, că e plin de securiști aici! Ai răbdare, să vedem", i-am răspuns.

ÎN ÎNTUNERIC ȘI FRIG

Curentul electric se întrerupea intermitent, ceea ce îmi crea o stare de nervozitate. Lumânări nu se găseau, bateriile erau insuficiente. Erau locuri la țară unde energia electrică era furnizată doar 2 ore din 24.

Caloriferele erau aproape reci. Stăteam în casă îmbrăcați cu haine groase. În iarna anului 1984 / '85 se depusese un strat de gheață de un deget grosime pe partea interioară a geamului din dormitor. Am acoperit geamul cu o pătură.

Existau apartamente unde temperatura din dormitor era de 5-6 grade. În blocurile din provincie, unii locuitori își instalau în apartamente sobe cu lemne și scoteau burlanele prin perete sau prin geam. Alții instalau sobe cu motorină și scoteau burlanul prin gura de aerisire din baie.

Gazul nu avea presiune prin urmare am scos regulatorul și i-am înlocuit membranele cu un dop de șampanie din plastic în care am făcut o gaură de 4-5 mm. Pentru a folosi plita aragazului, am lărgit duzele la diametrul de 2 mm, dar cuptorul nu putea fi folosit deloc. Noaptea, când creștea presiunea, regulatorul începea să vâjâie și închideam parțial robinetele, ca să nu se întâmple vreun accident.

La intrarea conductei în bloc era o supapă care avea o piesă de bronz ce închidea gazele când presiunea era mică. Locatarii blocului strângeau bani și, contra cost, aranjau neoficial cu meseriașii de la gaze să înlocuiască piesa de bronz cu una de aluminiu care, fiind mai ușoară, permitea livrarea gazelor în bloc chiar dacă presiunea era mai joasă.

Televiziunea transmitea două ore pe zi, jumătate din program fiind cu sau despre „Tovarășul".

PROBLEME DE APROVIZIONARE

Magazinele de alimente aveau rafturile goale, cozile fiind un fenomen generalizat. La carmangerii stăteau în permanență 40-60 de persoane. Pensionarii ședeau pe scăunele. De obicei carnea care se aducea nu era suficientă pentru numărul de persoane care stăteau la coadă. Unii pensionari deveniseră profesioniști în a sta la coadă pentru a câștiga bani. Cumpărau carnea cu 37,5 lei/kg și o vindeau cu 100.

Se vindeau pachete plastifiate cu mazăre, fasole, morcovi, ardei și o bucată de os cu carne (~200 grame). Cumpăram câteva pachete pentru a găti o supă cu carne. De sărbători se aduceau portocale și banane. Se formau cozi de 100-200 persoane și se vindeau doar câte 4-5 portocale și un mănunchi de banane de persoană.

Lactatele se furnizau în cantități mici, insuficiente. Zahărul era maroniu. Pe fundul sticlei cu ulei se aduna un strat tulbure de două degete. Pâinea era semicartelată. Se „dădea" o pâine de persoană, doar dacă ajungeai devreme la magazin. La țară se vindea 1/2 kg zahăr și 1/2 l ulei de persoană pe lună iar pâine deloc. Soluția muncitorului agricol era furtul.

Deoarece lucra şi soţia, rar apucam să cumpărăm ceva; luam deci la suprapreţ de la pensionari. Uneori reuşeam să iau pâine şi câteva kilograme de zahăr la suprapreţ prin relaţii, de la vânzători. Mai puteam obţine câteva ouă şi carne de la ţară, făcând troc contra pâine, zahăr şi ulei.

Odată, fiind în vizită la Gura Humorului, zonă necolectivizată, am reuşit să fac rost de 7-8 kg carne de viţel. Un miliţian binevoitor m-a sfătuit să tranşez carnea în bucăţele şi să o prăjesc, fiindcă pe drum sunt controale, putându-te deferi justiţiei şi condamna la un an şi jumătate de închisoare pentru speculă. l-am urmat sfatul. Vorba aceea: „Legea este o barieră peste care sar leii, pe sub care trec căţeii şi la care se opresc boii".

Dacă cineva avea nevoie de puţin ciment sau ipsos, ceva ce nu se găsea în comerţ, trebuia să le obţină „la negru", fiind încurajat astfel furtul.

PROBLEMELE DE CIRCULAŢIE ŞI CRIZA BENZINEI

În timpul iernii se punea interdicţie la circulaţia autoturismelor proprietate personală. Autovehiculele de stat puteau circula numai cu autorizaţie (de exemplu, 50% din parcul auto). Excepţie făceau Miliţia, Pompierii, Salvarea, oficialităţile, care puteau circula oricând. În Bucureşti se circula alternativ: o zi maşinile care aveau numere cu soţ; o zi, cele cu numere fără soţ.

Pentru ca socrii erau bătrâni şi bolnavi şi nu mai puteau să muncească, le duceam deseori alimente cumpărate şi mâncare gătită. Locuiau în judeţul Călăraşi şi, când îi vizitam, trebuia să opresc maşina la ieşirea din municipiul Bucureşti şi să continuăm drumul pe jos câţiva kilometri, deoarece miliţia făcea controale la intrarea în sat.

Aveau patru găini pe care le ţineau închise şi se chinuiau să le hrănească de multe ori seara, la lumina lămpii. Ne-am hotărât să le tăiem. În timp ce călătoream spre Bucureşti cu o găină tăiată în portbagaj, am fost oprit de un miliţian. „Măi, ce-i cu zburătoarea asta?", m-a apostrofat la controlul portbagajului. M-am înfuriat şi l-am pus la punct despre modul în care ar trebui să se adreseze unui cetăţean şi i-am explicat situaţia. Până la urmă mi-a permis să plec.

Procurarea benzinei era o altă problemă dificilă. În Bucureşti „se dădea" un rezervor de benzină pe lună (500 lei, ceea ce însemna aproximativ 55 litri). Se pare că în anumite zone din provincie se primea mult mai puțin (5 litri pe lună). „Coada" la benzinărie avea „o lungime" de trei zile și două nopți sau două zile și trei nopți. Rezolvam problema trimițând doi șoferi de basculantă de pe șantierul unde lucram ca „să stea la coadă" cu 3-4 autoturisme ale personalului șantierului. Desigur, șoferii se pontau ca fiind la lucru, toți de pe șantier știind de acest aranjament.

Se mai procura benzină de la conducătorii auto care utilizau puțin mașina. În schimbul „statului la coadă", se putea cumpăra la suprapreț jumătate din cantitatea de benzină primită.

Erau probleme și cu aprovizionarea cu motorină a utilajelor de pe șantier. Se alocau cantități mult sub nivelul cerințelor, motorina era de calitate proastă, conținea apă și iarna îngheța. De multe ori, din patru utilaje lucra numai unul.
Practic, ne prefăceam că muncim.

Bancuri:
- Jurământul șoimilor patriei:
  „Eu, șoim al patriei, jur să cresc mare și voinic,
  În întuneric și în frig și să nu mănânc nimic!"
- Rețetă de supă de pui:
  Apă pui, sare pui, pui nu pui!
- Învățătoarea îl întreabă pe Bulă:
  — De ce ai venit la școală cu pantalonii necălcați?
  — Păi, să vedeți, mi-a fost frică.
  — De ce ți-a fost frică?
  — Păi am pus radioul în priză și l-am auzit vorbind pe tovarășul Ceaușescu. Am pus televizorul în priză și l-am văzut pe tovarășul Ceaușescu ținând o cuvântare. Apoi mi-a fost frică să pun fierul de călcat în priză!

Un prieten care a participat la construirea metroului din București în calitate de inginer (acum, emigrat în străinătate), a făcut o comparație plastică între cele două sisteme economice:
- Sistemul capitalist: un camion încărcat, care merge fără greutăți deosebite pe o șosea asfaltată.
- Sistemul socialist: o căruță supraîncărcată, trasă de două mârțoage pe un drum desfundat de țară și niște nenorociți care biciuiesc caii și se opintesc să urnească căruța din loc.

DUPĂ RĂSTURNAREA REGIMULUI

După căderea regimului, un prieten din occident mi-a zis: „România are, totuşi, un avantaj: nu are datorii externe!", la care eu i-am răspuns: „Este ca şi cum ai fi achitat toate împrumuturile pentru casa pe care ai cumpărat-o, însă... casa a ars!".

Bancul „Nicolae Ceauşescu, Conte de Scorniceşti, Duce... ţara de râpă", s-a adeverit! Într-adevăr, ţara era distrusă: gigantica „industrie socialistă" lucra în pierdere şi era necompetitivă, iar produsele erau învechite, de proastă calitate şi neatrăgătoare; agricultura era ineficientă; resursele naturale, stoarse; mediul, poluat; transporturile şi comerţul erau primitive şi necivilizate; visteria era goală şi mentalitatea oamenilor schimbată mult în rău.

La început, lichidarea vechilor structuri a dus la înrăutăţirea situaţiei economice şi sociale. Vechiul sistem este în curs de prăbuşire, iar cel nou încă nu i-a preluat toate funcţiile. Apare „criza trecerii de la sistemul socialist la sistemul capitalist".

Ce este mai rău decât comunismul? Ce vine după el!" Deşi „criza" poate dura mulţi ani, situaţia se va ameliora pe măsură ce se dezvoltă noul sistem. Această criză a fost deosebit de acută în România, unde economia de piaţă şi „germenele" sistemului capitalist erau practic inexistente.

Închiderea coloşilor industriali a dus la şomaj şi importuri de mărfuri occidentale scumpe. Desfiinţarea gospodăriilor colective din agricultură a reintrodus fărâmiţarea pământului la nişte proprietari care pierdusă deprinderea lucrării acestuia şi care nu aveau utilaje agricole moderne, locuri de depozitare a produselor si mijloace de comercializare.

Magazinele s-au umplut de produse străine scumpe, în contrast cu permanenta scădere a nivelului de trai. Desfiinţarea unor măsuri sociale de pe vremea vechiului regim a accentuat sărăcia. A apărut polarizarea socială, cu o mică pătură socială avută şi o majoritate săracă. În acest mediu au înflorit în continuare corupţia, şpaga, hoţia.

Din fericire, după căderea regimului singura alternativă a României este dezvoltarea capitalistă şi apropierea de ţările occidentale. Desigur, greşelile guvernanţilor pot să întârzie dezvoltarea, însă direcţia generală mi se pare bună. Trecerea la un nou sistem socio-economic este dureroasă și îndelungată. Pentru a schimba mentalitatea oamenilor și a ajunge la un grad de dezvoltare acceptabil este nevoie de o perioadă istorică de o durată apreciabilă.

Exemplul cel mai bun este R.D.G. (Germania de Est), care a plecat de la un nivel de dezvoltare economic superior României și care, prin unirea cu R.F.G., a primit alocații și investiții de sute de miliarde de dolari. Cu toate acestea, până astăzi, pe teritoriul fostei republici comuniste nivelul de trai este mai mic, șomajul e mult mai mare și populația mai nemulțumită decât in fosta R.F.G. Dimpotrivă, mulți germani din vest afirmă că ar prefera să se construiască din nou zidul Berlinului, pentru a nu-i subvenționa pe „leneșii" din est.

Scurtă notă (2020): această evaluare a fost făcută pe la începutul anilor 2000, la apariția primei ediții a cărții. Ulterior, intrarea României în UE a determinat o emigrație masivă a populației dar și accelerarea procesului de modernizare, creșterea PIB și a nivelului de trai a celor care au rămas.

DATE ISTORICE (ANII '80)

Etapa falimentului se caracterizează prin proasta funcționare și prăbușirea tuturor structurilor: criză financiară; industrie deficitară în pragul prăbușirii; epuizarea resurselor naturale; agricultură rămasă în urmă și dezorganizată; planificare și conducere ineficiente; cultul personalității; nepotism; parazitismul elitei conducătoare; atitudine anti-intelectuală și anti-tehnică; regresul tehnicii, științei, artei și al culturii; ideologie stalinistă rigidă și anacronică; respingerea reformelor; continuarea reprimării populației; politică externă nerealistă etc.

Falimentul sistemului provoacă suferințe grele populației din cauza nerespectării drepturilor omului, a lipsurilor în aprovizionarea cu alimente, apă caldă, căldură, gaze, energie electrică, a problemelor cu transportul etc.

CRIZA FINANCIARĂ

În 1981 România nu mai este în stare să plătească nici măcar dobânzile la datoria externă de peste 10 miliarde USD (=€24 miliarde în 2018). Ulterior reuşeşte să treacă la o balanţă comercială excedentară prin forţarea exportului, cu preţul „licitării" bunurilor ţării, distrugerii accelerate a economiei şi a provocării de mari suferinţe populaţiei.

Notă: După 1989 datoria externă a României a crescut la €30 miliarde în anii 2000, după care a sărit la aproape €100 miliarde în urma crizei din 2008. Totuşi, procentul datoriei faţă de PIB este în scădere în ultimii ani (2013-2019) datorită dezvoltării economice fără precedent a sectorului privat (societăţi comerciale) şi a creşterii PIB-ului începând din 2003.

COMERŢUL EXTERN

Deficitul comercial extern masiv cu ţările apusene şi împrumuturile de la băncile străine din anii '70 duc la supraîndatorarea ţării. Comerţul cu ţările în curs de dezvoltare scade, mai ales din cauza războiului dintre Irak şi Iran, care stopează aprovizionarea cu petrol iranian. România măreşte comerţul cu Uniunea Sovietică, comerţul cu ţările socialiste ajungând la peste jumătate din valoarea totală a comerţului exterior.

Vestul acuză România de practici comerciale inacceptabile, de opoziţie la reforme economice şi de grave încălcări ale drepturilor omului. În 1988 Statele Unite nu mai acordă României statutul „naţiunii celei mai favorizate", iar în 1989 Comunitatea Economică Europeană refuză să semneze un nou acord comercial cu ţara noastră, în parte şi datorită dezvăluirilor generalului Ion Pacepa în cartea „Orizonturi Roşii" (1987).

PRODUCŢIA INDUSTRIALĂ

Industria grea şi constructoare de maşini continuă să fie partea preponderentă a producţiei industriale, în timp ce produsele industriei uşoare constituie numai un sfert din valoarea totală.

Progresul industriei grele sub regimul comunist este impresionant: România este printre primele 10 ţări din lume în ceea ce priveşte producţia de oţel pe cap de locuitor; este o mare exportatoare de mașini unelte, locomotive, material rulant, utilaj petrolier, produse petrochimice etc.; au fost făcuți pași importanți în dezvoltarea industriei aeronautice, construcțiilor navale, automatizării și computerelor.

Din păcate, această uriașă industrie este deficitară în ansamblul ei, construirea multor întreprinderi industriale fiind planificată fără o bază economică solidă. În multe cazuri nu sunt prospectate în mod realist sursa de aprovizionare cu materii prime, costul utilajului industrial, cererea pe piață a produsului finit.

La aceasta se adaugă tendința gigantomană și alte „sfaturi prețioase" și incompetente ale „Tovarășului" și a altor „tovarăși" din conducere, care modifică în mod abuziv planurile, contrar părerii specialiștilor.

O importantă parte a forței de muncă nu are o calificare corespunzătoare și, provenind de la țară, mulți sunt navetiști. Motivația de a munci este redusă, productivitatea muncii este pe ultimul loc în Europa, iar în ultimul deceniu al regimului se resimte lipsa forței de muncă.

În afara proastei conduceri a unor întreprinderi, trebuie să adăugăm conducerea centralizată, dezastruoasă a unei economii complexe și diversificate, de către niște birocrați în veșnică rotație, mulți incapabili.

Rezultatul: dificultăți în aprovizionarea cu materii prime, la care se adaugă ulterior criza de energie, costul ridicat al producției, dificultăți în găsirea de piețe de desfacere pentru produse de calitate inferioară sau pe piețe „saturate". Multe produse se vând în pierdere la export, de dragul valutei, statele apusene învinuind România de „dumping".

Utilajele industriale importate din occident devin cu timpul depășite din cauza restricțiilor ulterioare de import și a proastei întrețineri. După căderea regimului, mulți „mamuți industriali" falimentari își închid porțile, devenind „monumente" ruginite ale megalomaniei și incapabilității conducerii comuniste.

RESURSELE NATURALE ȘI POLUAREA MEDIULUI

Exploatarea nemiloasă a resurselor naturale și folosirea lor în economia falimentară duc la spolierea fără rost a bogățiilor naturale ale țării și poluarea mediului. Se apreciază că mai mult de un sfert din pământul arabil suferă de eroziune, iar folosirea chimicalelor a crescut aciditatea solului în multe locuri.

Industrializarea intensă şi irigarea terenurilor agricole cresc consumul de apă, ajungându-se la limita rezervelor şi creând lipsuri în aprovizionarea cu apă.

Din cauza epuizării rapide a combustibililor fosili se trece la import masiv de gaz metan, petrol, cărbune cocsificabil. 80% din minereul de fier este importat şi, contrar prevederilor privind suficienţa rezervelor interne, este continuat importul suplimentar de metale neferoase: cupru, zinc, plumb.

În urma activităţilor industriale de exploatare a resurselor minerale şi a folosirii substanţelor chimice în agricultură pe zone întinse, se ajunge la poluarea întregului mediu înconjurător (aer, apă, sol).

AGRICULTURA

Sectorul agricol este mult slăbit, ţăranii fiind demoralizaţi şi fără motivaţia de a munci. Irigaţiile sunt limitate nu numai din lipsa planificării centralizate dar si din cauza lipsei de energie electrică şi apă. Criza economică ce a împiedicat investiţiile pentru modernizarea agriculturii şi creşterea centralizării administrative sunt motive în plus pentru stagnarea sectorului agricol, producţia la hectar fiind pe locul 20 în Europa.

La mijlocul anilor '80 Ceauşescu recunoaşte că loturile individuale ale membrilor C.A.P. plus cele particulare, ale ţăranilor, contribuie cu 40 – 50% din producţia naţională de carne, lapte, legume şi fructe deşi constituie numai 12% din suprafaţa arabilă.

Decizia lui Ceauşescu a fost în mod paradoxal tocmai îngrădirea acestui tip de producţie şi direcţionarea forţei de muncă agricolă spre „producţia socialistă”! Introducerea cotelor obligatorii către stat, care se plătesc cu o treime din preţul pieţei, scade şi mai mult motivaţia acestora.

Punerea în aplicare a planului de sistematizare a satelor ar fi erodat şi mai mult baza de producţie agricolă, prin îndepărtarea oricărui stimulent de a produce, alienând şi mai mult ţărănimea.

SISTEMATIZAREA SATELOR

Pe motivul „recuperării terenului agricol", Ceauşescu lansează această măsură prin care urma să distrugă satele considerate „neviabile", adică aproximativ jumătate din cele 13.000 de localităţi rurale.

Era vorba de deposedarea ţăranilor de loturile individuale şi mutarea lor în nişte blocuri mici, fără canalizare, ce urmau a fi construite. Pe lângă întreruperea vieţii tradiţionale de la ţară, cu grava perturbare socială şi culturală pe care le-ar fi produs, planul necesita şi o investiţie financiară exorbitantă, fără nici un folos economic. De asemenea, ar fi afectat multe aşezări străvechi maghiare şi germane, ceea ce a declanşat protestul acestor minorităţi, cu ecou în străinătate.

Din fericire, „sistematizarea satelor" a putut fi realizată doar în mică măsură, din lipsă de fonduri.

PROGRAMUL DE AUSTERITATE

Obsedat de achitarea datoriilor, Ceauşescu impune un program de reducere drastică a importurilor şi creşterea la maxim a exporturilor în dauna aprovizionării interne. Restricţionarea importurilor lezează şi întreprinderile cu utilaj tehnic modern prin lipsa pieselor de schimb şi neadoptarea tehnologiilor noi.

„Raţionalizarea" alimentelor, combustibilului, electricităţii şi a altor produse produc lipsuri şi grele suferinţe populaţiei. În faţa magazinelor prost şi rar aprovizionate se formează cozi lungi.

În sectorul energetic se introduce disciplina militară: încălzirea şi apa caldă sunt oprite majoritatea timpului, iar furnizarea energiei electrice se face cu întreruperi. Circulaţia autovehiculelor este mult restricţionată (mai ales iarna).

România ajunge ţara cu cel mai scăzut nivel de trai din Europa.

POLITICA DEMOGRAFICĂ

Deşi fuseseră acordate numeroase facilităţi mamelor şi familiilor cu copii, natalitatea era în scădere. Toate măsurile draconice ca interzicerea avorturilor şi a contraceptivelor, controlul ginecologic al femeilor în întreprinderi, taxele de celibatar, îngreunarea divorţurilor, coborârea vârstei de măritiş la 15 ani etc. vor duce doar la o creştere temporară a natalităţii, aceasta scăzând ulterior mult sub cifrele planificate. În schimb creşte mortalitatea infantilă şi maternă.

Condiţiile de viaţă austere descurajează cuplurile, care fac tot posibilul să scape de sarcina nedorită. Avorturile ating cifre foarte ridicate, dintre care un număr foarte mare se efectuează fără ajutor medical, ducând la complicaţii şi chiar la pierderea vieţii multor femei tinere.

SĂNĂTATEA POPORULUI

Este afectată, din cauza declinului asistenţei medicale, malnutriţiei, poluării, fumatului excesiv şi alcoolismului. În 1989 expectanţa de viaţă în România era printre cele mai scăzute din Europa (69,7 ani), în ţările occidentale aceasta fiind între 75 si 77 de ani. Prin comparaţie cu ţările vecine, în Bulgaria speranţa de viaţă era de 71,4 ani, în Ungaria 69,5, în Rusia 69.2 şi în Rep. Moldova 67,6 de ani.

ÎNVĂŢĂMÂNTUL

Suferă din cauza entuziasmului scăzut a personalului, a dificultăţilor în obţinerea revistelor de specialitate străine, a lipsei de material didactic, îndoctrinării etc. Numărul studenţilor scade din lipsă de fonduri.

ELITA CONDUCĂTOARE

În anii '80, dintre cei peste trei milioane si jumătate de membri ai P.C.R., 80% sunt de origine muncitorească sau ţărănească.

Ceauşescu duce o viaţă de rege neîncoronat, având numeroase palate şi castele, călătoreşte în condiţii de securitate specială, iar traficul rutier este oprit până la trecerea convoiul maşinilor de lux.

Aproximativ 10.000 de persoane constituie elita politică (nomenclatura centrală). Ceauşescu se înconjoară de oameni care îl preaslăvesc, instalează membrii propriei familii în cele mai importante funcţii de partid şi stat.

Membrii elitei conducătoare locuiesc în locuinţe somptuoase, au maşini de lux, paznici, se aprovizionează cu alimente şi obiecte de lux din magazine exclusiviste, au un spital şi alte servicii speciale.

Aceşti birocraţi, unii needucaţi, antiintelectuali, anti-tehnocraţi, adversari ai schimbării, sunt direct implicaţi în scăderea drastică a condiţiilor de trai şi în represiunea culturală.

CULTUL PERSONALITĂŢII ŞI NEPOTISMUL

Cultul personalităţii atinge culmi de neimaginat. „Geniul din Carpaţi", personajul omniprezent al mijloacelor de informare „care se naşte odată la câteva secole", este asemănat cu Ştefan cel Mare şi elogiat de poeţi şi mass-media.

Fuziunea organelor de partid şi de stat îi permite lui Ceauşescu să controleze direct prerogativele Marii Adunări Naţionale, a Consiliului de Stat, a Consiliului de Miniştri, a Comitetului de Stat al Planificării şi a altor organisme guvernamentale.

Numirea membrilor de familie în poziţii importante în partid şi guvern atinge asemenea proporţii încât observatorii occidentali utilizează termenul de „socialism dinastic". În 1989, cel puţin 27 de rude ale lui Ceauşescu deţin funcţii de conducere în partid sau aparatul de stat.

Elena Ceauşescu este numită în Comitetul Central, în Consiliul Naţional pentru Ştiinţă şi Tehnologie şi în alte funcţii. Fratele lui Ceauşescu, Ilie, este şeful Consiliului Politic Superior al Armatei; unul dintre fii, Nicu, secretar al Uniunii Tineretului Comunist, ş.a.m.d.

ATITUDINEA ANTIINTELECTUALĂ ŞI ANTITEHNICĂ

Campania antiintelectuală, începută încă din anii '70, se manifestă prin criticarea intelectualilor pentru atitudinea lor burgheză şi intelectualistă. Procentul intelectualilor din PCR scade simţitor. Mii de intelectuali ce profesează în cercetare sau administraţie sunt trecuţi la muncă „productivă".

Scriitorii şi artiştii sunt acuzaţi că nu proclamă ţelurile şi marile înfăptuiri ale socialismului şi nu ajută la crearea omului socialist de tip nou. Uniunea Scriitorilor epurează membrii care nu sunt dedicaţi ideologiei şi patriotismului.

Sistemul politic are monopolul informaţiei. Mijloacele de informare în masă sunt puse sub un control strict, vizitele jurnaliştilor în străinătate sunt mult restrânse, iar jurnaliştilor străini li se refuză deseori viza de intrare în ţară.

Restricţiile asupra importării documentaţiei ştiinţifice şi tehnice, reducerea drastică a legăturilor cultural-ştiinţifice cu străinătatea, opoziţia la introducerea în masă a calculatoarelor sunt numai câteva exemple care contribuie la rămânerea în urmă şi izolarea României.

POLITICA EXTERNĂ

România continuă să-şi reafirme politica de independenţă şi neamestec în treburile interne, respingând „Doctrina Brejnev". Ignoră boicotul sovietic al Jocurilor Olimpice din Los Angeles din 1984. Deşi adversar declarat al reformelor lui Gorbaciov, Ceauşescu este nevoit, până la urmă, să apeleze la Uniunea Sovietică, aceasta redevenind unul din partenerii comerciali importanţi ai României.

SECURITATEA

Serviciile secrete, generos retribuite, nemiloase şi eficiente, au cei mai mulţi agenţi raportat la numărul de locuitori, prin comparaţie cu celelalte state comuniste. Încălcând drepturile constituţionale ale populaţiei, agenţii de Securitate pot urmări pe oricine, interceptează convorbiri telefonice, pot pătrunde în locuinţe sau birouri şi îi pot aresta pe cei suspectaţi ca fiind neloiali regimului.

În plus, Ceauşescu controlează direct trupe speciale de securitate, un fel de „gardă de palat", cu un efectiv de 20.000 soldaţi. Fiind comandantul suprem al armatei, propovăduieşte participarea în masă la „războiul întregului popor", ceea ce duce la deprofesionalizarea armatei regulate.

POLITICA DE EMIGRARE

Regimul încearcă să oprească emigrarea cetăţenilor productivi prin variate mijloace de intimidare. Cei ce depun cereri de plecare sunt şicanaţi, trecuţi la munca de jos sau demişi, alţii – interogaţi şi urmăriţi de Securitate.

La mijlocul anilor '70, Statele Unite, Germania de Vest şi Israelul protestează în legătură cu politica de îngrădire progresivă a emigrării. Manifestându-şi îngrijorarea referitor la cetăţenii români de origine germană, cancelarul Helmuth Schmidt vine la Bucureşti şi negociază un plan de cumpărare a aprobărilor de emigrare. Între 1978 şi 1988 emigrează anual în Germania peste 10.000 persoane, contra unei plăţi de câteva mii de USD de persoană.

Decenii mai târziu este dezvăluit un plan secret similar de răscumpărare a evreilor, Israelul achitând o anume sumă pentru fiecare emigrant. Preţul depindea de gradul de educaţie şi importanţa acestuia, contravaloarea fiind uneori pretinsă în bunuri din Vest greu de achiziţionat.

POLITICA ETNICĂ

Se duce o campanie de asimilare a minorităţilor. Schimbarea denumirilor maghiare şi germane cu denumiri româneşti, revizuirea cărţilor de istorie cu ignorarea eroilor minorităţilor, restrângerea publicaţiilor şi suspendarea programelor de televiziune în limbile respective duc la tensionarea relaţiilor cu Budapesta.

Un mare număr de etnici maghiari părăseşte ţara, declanşând la Budapesta demonstraţii de amploare împotriva lui Ceauşescu. În 1989 Ungaria depune o plângere oficială la Comisia Drepturilor Omului din cadrul Organizaţiei Naţiunilor Unite cu sediul la Geneva, acuzând România de încălcarea grosolană a drepturilor fundamentale ale omului. Rezoluţia Comisiei cheamă România la investigarea învinuirilor aduse.

NEMULŢUMIRILE MUNCITORILOR

Salariile mici, penalizarea muncitorilor pentru neîndeplinirea planului fabricii, care, per ansamblu, nu depindea de ei, condiţiile de lucru neprielnice, lipsa bunurilor de larg consum au drept rezultat demoralizarea salariaţilor şi o productivitate scăzută.

Lucrătorii mai vechi încep să-şi exprime nemulţumirea referitor la salarii, cerând o legătură mai strânsă cu productivitatea individuală. Se înmulţesc exprimările cu privire la împărţirea inechitabilă a resurselor, vizând condiţiile speciale ale elitei conducătoare.

În 1977 minerii din Valea Jiului declară grevă, cauza fiind lipsurile în aprovizionarea cu alimente şi pensionarea forţată cu pensie redusă.

În 1987 la Braşov au loc demonstraţii şi tulburări însoţite de arderea portretelor lui Ceauşescu, provocarea de pagube la consiliul popular şi la sediul partidului inclusiv jefuirea şi aruncarea în stradă a alimentelor rezervate forurilor conducătoare (vezi documentarul „Braşov 1987 – doi ani prea devreme" realizat de Liviu Tofan în 2017).

CĂDEREA REGIMULUI

În noiembrie 1989, la al XIV-lea Congres al PCR, Ceauşescu este reales „în unanimitate" ca Prim Secretar al partidului. Regimul pare stabil şi se crede că România va rămâne ultima ţară comunistă din Europa dar, sub aspectul aparent liniştit, majoritatea populaţiei este potrivnică sistemului.

Evenimentele din Timişoara vor fi scânteia declanşării Revoluţiei. Răsturnarea regimului în decembrie 1989 a devenit posibilă datorită profundei nemulţumiri a poporului, ca factor intern şi a prăbuşirii blocului comunist, din plan extern.

Din păcate, eşecul modelului ceauşist al „societăţii socialiste multilateral dezvoltate" a produs mari suferinţe poporului şi va afecta multe generaţii viitoare.

BIBLIOGRAFIE

O mare parte a datelor istorice folosite în carte au fost extrase din: „Ronald D. Bachman. A Country Study: Romania. Federal Research Division, Library of Congress, 1989", altele din diferite surse online, inclusiv Wikipedia.

„Notă de lectură" descoperită în arhiva Bibliotecii Județene din Arad în septembrie 2017:

Miercuri, 19 octombrie 2005

O autobiografie neromanțată

Recent, la **Editura Mirador** a apărut volumul autobiografic „**Amintiri din România socialistă**", a medicului arădean **Gheorghe Rafael Ștefănescu**. Cartea rezumă traseul existenței autorului, de la primele amintiri de școlar și până la împlinirea carierei de medic. Un traseu plin de obstacole, căci tânărul provine dintr-o familie de intelectuali înstăriți și s-a întâmplat ca venirea lui pe lume să coincidă cu venirea comunismului în România. A avut, deci, parte (și amintiri) de tot tratamentul care i se aplică unui „*dușman al poporului*". După moartea timpurie a tatălui, mama este dată afară din serviciu, fiind etichetată „*chiaburoaică*", sunt mutați apoi cu domiciliu obligatoriu la Aiud și tratați mereu ca adversari, în temeiul „*luptei de clasă*". Nu este primit la liceu, ci doar ucenic într-o fabrică, probabil pentru a deprinde de la brava muncitorime mijloacele prin care un om onest se poate strecura prin meandrele paradisului „*dicta-turii proletariatului*". Reușește pe furiș să termine liceul la „fără

frecvență" și chiar trei ani de medi-cină la Cluj, dar este „prins", „demas-cat" și exmatriculat din facultate. Se înscrie cu greu la o școală sanitară din Arad iar după absolvire, „recidi-vează" ca student la medicină, de astă-dată în București. Absolvă în cele din urmă facultatea și se căsă-torește. În anii 70 crede că are tot dreptul să privească înapoi cu mânie și în față cu speranțe și ajunge chiar asistent universitar. Dar în momentul când urma să fie promovat din nou, trecutul îl ajunge iarăși din urmă și îi barează înaintarea. Excedat, „de-pune armele" și acte de părăsire definitivă a țării, împreună cu familia.

Acesta este, pe scurt, unul dintre miile de destine care, sub deviza a „**tot ce nu mă distruge, mă întă-rește**", a reușit să treacă peste (sau pe sub) "cortina de fier". Întrebarea următoare este însă: ce s-a întâm-plat cu sutele de mii de prigoniți care nu au avut forța sufletească impre-sionantă și tăria de caracter a aces-tui om?

Vasile Sărăndan

6. ÎNCHEIERE

Deşi mulţi regretă „vremurile bune", când sistemul comunist era în perioada de înflorire, mijloacele de existenţă ale individului fiind „asigurate" de la naştere până la moarte, de fapt este vorba despre un proces istoric care s-a întins pe aproape o jumătate de secol şi ale cărui mecanisme au dus inexorabil la faliment.

Criza generală a economiei socialiste, care a condus în cele din urmă la prăbuşirea sistemului în toate ţările blocului sovietic, a fost mult amplificată în România de centralizarea excesivă, cu toate consecinţele negative, şi de marile greşeli ale conducerii ceauşiste.

În momentul prăbuşirii regimului, dezastrul era complet: economia distrusă, visteria goală, resursele naturale în curs de epuizare, mediul poluat şi poate, lucrul cel mai grav, schimbarea mentalităţii oamenilor. Generaţiile crescute sub regimul comunist şi-au pierdut spiritul de iniţiativă individuală, în schimb mulţi s-au obişnuit cu asigurarea existenţei de către stat, cu munca formală, corupţia şi hoţia.

După cum reiese din fragmentele autobiografice ale acestei scrieri, deşi defavorizat ca „origine socială", au fost mulţi ani în care n-am dus-o rău în România socialistă şi mi-au trebuit decenii până am început să înţeleg amploarea dezastrului economic şi social.

Astăzi (în anul 2004 n.r.), când România are unul dintre cele mai scăzute niveluri de dezvoltare socio-economice din Europa, mă consider un optimist moderat. Calea spinoasă a trecerii de la o economie distrusă la o alta, de tip nou, este dureroasă şi lungă (o epocă istorică), presupunând şi solicitând multe jertfe. Deşi se fac şi acum greşeli, direcţia generală de dezvoltare mi se pare bună.

Sper ca generaţiile tinere să-şi schimbe mentalitatea spre una pozitivă, să crească numărul celor cu iniţiativă individuală, dorinţă de perfecţionare şi progres, astfel ca hărnicia şi talentul lor să fie valorificate.

SFÂRŞIT

Citarea cărţii în lucrări:

- Boştină Doina Laura: „Învăţământul românesc în perioada comunistă", teză masterat, Facultatea de Litere şi Ştiinţe, Universitatea Petrol-Gaze din Ploieşti, 2012

- Călini Vladimir: „Funcţionarea şcolii în perioada de tranziţie", 2012

- Elisabeta Pop, M.A. „Sex Before and After the Fall of Socialism", Anthropology & Global Studies programs: Post-Socialist Modernity, The New School in New York, mar. 2011

- Elena Dragomir, University of Helsinki: „Perceptions of Social Security in Communist Romania", Zeithistorische Forschungen - Studies In Contemporary History, 7(2), feb. 2010, 203-219

- Grancea, M. „Moartea comunistă în România." Studia Politica: Rom. Pol. Science Rev., 8(2), 267-293 (2008)

- Rita Fóris-Ferencz: „A Heavy Heritage and a Fertile „Prejudice": The Conditions of Education and Pedagogy in Rumania in the Time of the Past Dictatorship" Europ. J. of Mental Health, 1 dec. 2008.

- Mihaela Grancea: „Fabrica de mituri - cum se transformă în credit politico-istoric moartea Liderului", Fundaţia Culturală Română, Cultura 179: 26 iun. 2008

- Mihaela Grancea: „Reprezentări ale morţii în România epocii comuniste: Trei studii de antropologie funerară", Casa Cărţii de Ştiinţă Cluj Napoca, 2007, pag. 52, ISBN: 978-973-686-934-1

DESPRE AUTOR

S-a născut în 1938, într-o familie înstărită din Deva. Tatăl, avocat, moare când copilul avea 4 ani iar restul familiei se mută la sat.

Mama, rămasă văduvă, este persecutată de noul regim comunist ca și „chiabur". După ani de abuzuri, îi este confiscată toată averea iar pensia de urmaș îi este anulată, fiind nevoită să se mute la sora sa. Copilul rămâne la internatul școlii din comună unde este premiant și, în pofida indicațiilor „de sus", este ales șeful unității de pionieri.

Mama este arestată în 1951 și anchetată timp de trei luni în beciurile autorităților, pentru a dezvălui „unde ascunde aurul" pe care, de fapt, nu-l avea, perioadă în care nu s-a mai știut nimic despre ea. Deși jefuiți de toate și rămași fără venit, mama și fiul continuă sa fie con-siderați „chiaburi" și sunt deportați cu domiciliul obligatoriu la Aiud.

La numai 14 ani tânărul se angajează ca ucenic în fabrică, unde ajunge de-a lungul anilor controlor de calitate. După un an reușește să se înscrie pe ascuns la liceu, la „fără frecvență". Se confruntă în continuare cu teama de a fi descoperit, școlarizarea fiindu-i refuzată în trecut pe motivul domiciliului forțat.

Este admis la Facultatea de Medicină din Cluj, dar în anul III este exmatriculat din cauza „situației economico-sociale a părinților"; regimul acționează dur după tulburările din 1956. Se angajează ca fochist într-o fabrică, apoi ca muncitor pe șantier.

Urmează Școala Sanitară din Arad, unde erau acceptați și indezirabili politic. Deși termină al doilea din clasă, este defavorizat la repartiție, fiind invocată din nou „originea socială nesănătoasă". Ajunge asistent medical la Aeroportul Kogălniceanu din Constanța, recent deschis.

În urma unei relaxări a discriminării politice, este admis la Facultatea de Medicină din București, unde, asemenea unui Sisif modern, reia studiile din anul I; continuă și să lucreze pentru a se întreține.

Se căsătorește, vor urma doi copii, specializarea și cinci ani ca asistent universitar. Când, însă, avansarea profesională îi este blocată din nou de Comitetul de Partid din cauza aceleiași „origini nesănătoase", hotărăște împreună cu soția să ceară oficial plecarea din țară.

Drept consecință, este transferat „în interes de serviciu" la Policlinica pentru Sportivi, unde întâlnește și alți indezirabili. În paralel, lucrează și ca medic pentru echipe sportive și face gărzi de noapte pe „Salvare".

Cererile repetate de emigrare le sunt refuzate și numai după ce reușesc să transmită în Occident cele cinci respingeri prin intermediul unui turist, familiei îi este aprobată în sfârșit emigrarea.

Factorul decisiv care le-a permis plecarea din țară s-a dovedit a fi însă menționarea publică a cazului familiei în Comisia Financiară a Senatului American, în 1979 și 1980, în cadrul discuțiilor privind acordarea „clauzei națiunii celei mai favorizate" României.

După emigrare autorul reușește să se reafirme ca medic și practică cu pasiune până la pensionare. Apoi se dedică mai multor hobby-uri: botanică, grădinărit, sudoku, înot, călătorii despre care scrie în blogul xcursii.blogspot.com, dar și așternerii amintirilor pe hârtie.

„ȘAPTE DECENII DE MEDICINĂ"

În 2016 autorul publică un nou volum în care descrie amintirile si personalitățile din domeniul medical întâlnite în copilărie și adolescență, apoi în școala sanitară, facultățile de medicină din Cluj și București, în timpul specializărilor în interne și geriatrie și de-a lungul restului carierei până la pensionare.

Povestirea se extinde de-a lungul a șapte decenii și ilustrează schimbările în patologia populației și în știința și practica medicală în acea perioadă. Autorul face și o comparație între sistemul de sănătate din țara natală și cea adoptivă.

Dr. Rafael împărtăşeşte din cunoştinţele acumulate de-a lungul carierei referitor la pacienţi, medici, investigaţii şi tratamente, sintetizând şi recomandări generale în domeniul sănătăţii.

Stilul succint, jurnalistic, este pigmentat cu umor, anecdote, întâmplări şi situaţii inedite, fiind uşor de citit.

La scurt timp după apariţie cartea a fost citată ca referinţă în câteva articole Wikipedia.

Dr. Vasile Miclăuş comentează:

„Cartea este bine gândită şi bine scrisă; va avea succes la toţi confraţii de activitate şi la pensionarii lui Hipocrate care au practicat cu dăruire.
Apoi merită neapărat distribuită şi studenţilor de la Medicină."

Ediţia a doua cu subtitlul uşor modificat (în dreapta), este revăzută şi adăugită cu fotografii, fiind distribuită în variante tipărite alb-negru şi color precum şi în format electronic.

Tipar: **bit.ly/autor-amz**
E-book: **bit.ly/e-carti**,
           iTunes,
           Google Books/Play,
           Scribd,
           AmintiridinRomania.com